JN318159

子供の挑戦　大人の出番

野口芳宏

…どうします？　こんなとき

日本の子供の育て方

財団法人 モラロジー研究所

まえがき

「国家の人材」を育てる

奈良時代の高官として筑前守《ちくぜんのかみ》などを務めた万葉歌人の山上憶良《やまのうえのおくら》（六六〇～七三三頃）の「子らを思へる歌」の中に、広く知られる次の一首があります。

銀《しろかね》も金《くがね》も玉も何せむに勝《まさ》れる宝子に及《し》かめやも（巻第五、八〇三）

「銀も金も宝玉も、子供たちのすばらしさに果たして勝てるだろうか。とても勝てはしない」。――という歌意です。

子供ほどすばらしい宝はこの世にない、と山上憶良は言い切りました。全《まった》く名言、名歌です。だからこそ、この歌は千二百年もの歳月を経てもなお色褪《あ》せることなく現代の我々の心を打ち続けるのでしょう。

「這《は》えば立て、立てば歩めの親心」という古い諺《ことわざ》には、子供の健やかな成長を願う率直な親の気持ちがよく表れています。この頃「家《うち》のお子様、他所《よそ》の餓鬼《がき》」というジョークを聞きます。自分の子供は「お子様」だけれども、他人の子供はただのガキにすぎないという、親の本音を見事に描いていて楽しくなります。どこでもいつでも、親にとって我が子ほどたいせつなすばらしい宝はないのです。

そのようにかわいく、たいせつであるからこそ子供は親や社会によって望ましく育て上げられなければなりません。が、さてそれは必ずしも容易なことではないようです。親は子供かわいさのあまり、まるで暗闇《くらやみ》に迷いこむように思慮分別や冷静さを失いがちです。その危うさを、「子ゆえの闇に迷う」とも「子ゆえに迷う親心」などとも昔の人は忠告しています。そういう親のありようを「親馬鹿」などとからかって言うこともありますが、親心の一面の真理をうまく言い当てて微笑《ほほえ》ましい言葉でもあります。

さて、子供はやがてその国の命運を担う「国家の人材」でもあります。宝であるからこそ、宝としての光がいっそう輝くように成長させていくことが、親や教師の最も重要な任務です。どの子も立派な人材として育つ資質を持っていますが、その育て方、教育の仕方を誤れば、せっかくの宝も「宝の持ち腐れ」になりかねません。本書は子育てを深く考え合うヒント集です。これらのヒントが皆様の話し合いに役立ってくれたら、著者として本当に嬉《うれ》しいことです。

著者

子供の挑戦　大人の出番

目次

表紙デザイン・本文レイアウト　西山久昭（一広社）
表紙・本文イラスト　中田　亘
編集協力　みち書房

○出典
「野口語録」＝野口芳宏著『鍛える国語教室シリーズ⑪教育語録・硬派で鍛える』（明治図書出版株式会社）

○初出
「親の楽しみ・親の責任」＝月刊誌『れいろう』（モラロジー研究所）、平成十五年一月号～十六年十二月号
「子育て現場のあれこれ」＝月刊誌『れいろう』（モラロジー研究所）、平成十七年一月号～十八年十二月号

第一章

子供に芽生える責任感と自立心

第一章の序

「庇護の時期」の子育ては楽しく優しい

子供を胸に抱く母親の美しさはたとえようもなく、時にそれは神々《こうごう》しくさえ映ります。言葉も、心も全《まった》くわからず、自分の力では生きることができない幼い時代を子供は親の慈愛の中で育てられます。親が自分の子をかわいがり、優しく、温かく育てていくその力の大きさは、大変なものです。が、しかしそれは人間に限った営みではありません。すべての動物にみられる、いわばごく共通の傾向です。

子熊を連れている母熊、子猫を連れている母猫などが、子に危険が迫ったときに示す狂暴なまでの強さと猛々《たけだけ》しさは、よく知られているところです。また、雀《すずめ》や燕《つばめ》の雛《ひな》が、親から餌《えさ》をもらうときの、あのやかましいほど賑《にぎ》やかな鳴き声は、親を慕う雛鳥のひたむきさを表して感動的ですらあります。

動物の赤ちゃんは例外なくみんなかわいらしく、かよわく、頼りなげです。たぶん、それらは、そういう姿や形で存在することによって、親の愛を一身に受け止めるようにと神様が造って下さったのではないでしょうか。神の御業《みわざ》の妙と自然界の親子の絆《きずな》の深さを思わずにはいられません。

しかし、そのようにただ無心に親の愛を受け入れてさえいればよいだけの時期は、決してそう長くはありません。この時期を仮に「庇護《ひご》の時期」と呼んでおきましょう。この「庇護の時期」の子育ては、親にとっては大変手のかかる容易ではない時期ですが、親はそれを「苦しみ」や「労働」とは思いません。ひたすら「愛情」にしたがって、むしろ楽しみながら子供の養育に当たります。それはまたすべての動物に共通していま す。

ところで、子育てというものが少しずつ難しくなってくるのは、実はそのちょっと先からです。子供が言葉を覚え、歩き、走り、自分の判断で行動し始めてくると、「庇護の時期」から脱皮し始めます。そして、「自立への時期」に入っていきます。

動物の親は、子供がこの自立の時期に入ると決然と「庇護」をやめ、「自立の訓練」を始めます。親は突然「厳しい」存在になり子供に「自活力」をつけ始めます。いわゆる「子別れ」です。私たち人間も、子供の「自立」の心をどう育てるかが、実は最もたいせつでかつ難しい問題です。

圭子ちゃんのマラソン

かわいい盛りの一年生を担任する早苗先生は、下肢の不自由な圭子のマラソン大会出場を心配して……。

補 助装具をつけたランナー

久しぶりに小学校一年生の担任になった早《さ》苗《なえ》は、新鮮な毎日を送っていた。教師になってからもう十五年が経つ。同職の夫との間に三人の子供が生まれ、末の娘も来年は小学校に入学する。そういう時期に前もって一年生を担任しておくことは幸いだ。自分の娘と重ねながら、母親の感覚を取り入れた学級づくりができる。

どの子もみんな素直でかわいらしく、早苗は一年生の担任ならではの充実感を味わいながら日々を過ごしていた。中でもとりわけ感心させられるのが圭子《けいこ》のことである。圭子は、生まれつき右下肢《かし》が不自由で、今は補助装具をつけて学校にやってくる。歩くときは小さく肩を揺するのが不憫《ふびん》であったが、当の圭子はいつも明るい笑顔を振りまいて、いささかも暗いところを見せなかった。

勉強もよくできるし、第一、大変な頑張屋《がんばりや》である。授業中もよく手を挙げて発言するし、わからないところは積極的に質問に来るという、クラスの手本のような子供だった。

さらに早苗を驚かせたのは、十一月の半ば

になって始まった朝マラソンへの参加である。どのように切り出して意向を尋ねようかと少し気が重くなっていたところへ、お茶目な正子と奈美が目を輝かせて知らせに来たのである。

「先生、先生、早苗先生！」

と、二人は走ってきて大きな声を出した。

「あのね、圭子ちゃん、朝マラソンをやるって言ってるよ。すごいよね。足が悪いのに！」

正子の早口のお喋《しゃべ》りに奈美も大きくうなずいている。二人とも嬉《うれ》しさを隠しきれないという感じである。早苗はほっとすると同時に「やっぱり」と大きく一人でうなずいた。あの子は大した女の子だ、とあらためて思った。

みんなと同じに走る

足の不自由な圭子までが参加するということになって、一年生の子供たちは大いに刺激されたのであろう、一人の不参加者もなく毎朝のマラソンが続けられた。一年生はグラウンドを三周するという距離であったが、当然圭子は走り始めるとすぐにビリになった。

仲良しの友だちが「一緒に走ろうよ」と言ってくれるのを圭子は断った。「一人で走れるから」と言うのである。そこで、毎日のマラソンは圭子一人がかけ離れて遅くなるのだが、圭子はそれを楽しんでいるように、ビリを不自由な足で走り続けた。どの子も三周を走り終える頃、圭子はようやく二周を終えるという日が続いたので、早苗が圭子に、

「圭子ちゃんは二周でいいことにしようよ」

と提案してみたが、「先生、大丈夫《だいじょうぶ》だよ」と言って、圭子はみんなと同じ三周を走った。

マラソンは十日間続き、最後の日には学校を挙げてのマラソン大会を予定していた。大会は一年生も学校の周囲の道路を走るというコースになっていた。

大会は競争である。早苗は、大会にだけは圭子は出ないほうがいいと考えていた。もし無理をして転んだりしたら大変なことになると思ったからである。すでに圭子のチャレンジはマラソン完走に値《あたい》していると思えたし、また、あまりにもかけ離れて最後を走る姿を衆目《しゅうもく》にさらすのも、早苗にとっては辛《つら》いことだった。きっと、本人もそう思っているに違いない、と早苗は思った。

二日後に大会出場を控えた朝、早苗が圭子に大会出場をやめたらどうかと伝えると、圭子はにっこりと、

「先生、私もマラソン大会に出たい！」

と言ったのである。そして、まっすぐ早苗の目を見つめてきた。早苗は目頭《めがしら》が熱くなるのを覚えた。抱きしめてやりたい衝動に駆《か》られた。それだけの決心があるなら本人に挑戦させてみるのがいちばんの得策であると思った。

マラソン大会にも完走

幸い晩秋の朝はよく晴れて、校庭にはたくさんの保護者が集まっている。電話でその向きを話して了解をとってあるので、圭子の母親も学校にやってきた。

準備体操が終わり、ピストルの合図で一年生はわっとばかりに走り出した。いつもの朝

マラソンとは全く違う。競争となればこうも違うものかと驚くほど、一年生の子らは、一《いっ》斉《せい》にグラウンドを飛び出して学校の外に走り出た。それぞれの差は、ぐんぐん開いていった。

やがて紅潮した顔で明夫がグラウンドに走り込んできた。一年生のトップである。母親たちの大きな拍手が明夫を包んだ。追いかけるようにして正治、そして女の子のトップを元気者の正子が走ってきた。

次々にゴールをしてすべての一年生がグラウンドに戻ってきたのだが、圭子の姿だけが見えない。しかし、心配はいらない。教務主任の橋本先生が、万一に備えて自転車で付き添っているからだ。

圭子はかなりの遅れではあったが、あっぱれ独力で完走したのだった。圭子の姿を見かけると、運動場にはこれまでにない大きな拍手が湧き起こった。拍手はそのまま圭子を揺すり上げるように続いた。

野口語録
NOGUCHIGOROKU

「支援」も「援助」も、決して悪くはない。しかし、本来すぐれた「指導」には、援助や支援という要素や機能が当然含まれている。それなのに「支援と援助」を重視しすぎて「指導」を忘れ、「指導」をしない授業が、今でも見られる。

叱られて「有り難い」

いつも言うことを聞かない五年生の正俊に、母は靴洗いをするよう注意した。すると正俊は……。

首からタオル

「ただいまあっ！」

と、いつものように大きな声で帰宅を告げる正俊《まさとし》の声を聞くと、母親の正江は元気が出てくるのだった。夏になると、子供のくせにいつも首からタオルをぶら下げているのは、汗かきの父親ゆずりのスタイルだ。五年生になり、ずんぐりとした体型になって、青果店を営む父親そっくりになってきた。それがタオルを首からぶら下げていると、後ろ姿など時にうり二つという感じを与える。「タオルなんかを首に巻いてる子なんていないからやめなさい」といくら正江が言っても、「父ちゃんだってやってるじゃないか」と正俊は受けつけない。父親は、それがむしろ気に入っているらしく、「好きなようにさせておけばいい」と言って頓着《とんちゃく》しない。

性格も磊落《らいらく》で鷹揚《おうよう》なところは父親ゆずりで、そこは正江も気に入っている。だが、五年生ともなると少しずつ母親の言うことも聞かなくなってきた。三年生の妹の前で母親に口答えをしたりするのをそのままにしておくわけにはいかないので、「何よ、その口の利《き》き方は。親に向かって言う言葉じゃないでしょ！」などと、口争いになることもままあった。正江は少しずつ我が子の成長への戸《と》惑《まど》いを感じている昨今でもあった。

「お帰りなさあい」

と、正江も大きく、明るい返事を返した。父親は、お客さんにぶどうの箱の中身をあらためてもらってから包装紙をかけながら、「おう、お帰り！」と威勢よく応えた。

「やあ、息子さんですか。お父さんそっくりで頼もしいですねえ」

と、客は正俊の首からぶら下げたタオルと父親のそれとを見比べながら、愛想よく声をかけた。

「いくら取りなさいって言っても取らないんですよ」

と、正江は愚痴《ぐち》のように話したが、笑顔が愚痴を打ち消している。

靴を洗いなさい！

店を閉めるのは、どうしても夜の八時を回る。家族揃っての夕飯はそれからだ。七時を過ぎる頃から、正江は夕飯の仕度にかかり、客のほうは夫に任せる。

夕飯の仕度は、正俊も妹の俊子も母親を手伝って三人でするのが約束で、このときが母と子とのコミュニケーションをとる貴重な機会になっている。学校の様子や勉強のこと、友だちの話など、夕飯の仕度をしながら聞けるので、正江にとっては、とても楽しみな時間である。注意することも、たしなめることも、誉《ほ》めることも、叱《しか》ることも大方《おおかた》はここでされる。だから、この頃口答えが多くなってきた正俊のことも、少しずつ気になってきていたのだった。

前から言ってやらなくてはいけないと思っていた靴洗いのことを、正江は正俊に言うことにした。正俊は、お風呂の浴槽を洗い終え、ようやく湯を入れ始めてからお勝手に戻ってきた。そのときも、歩きながら首にぶら下げたタオルで額の汗を拭いている。

「正俊、運動靴がだいぶ汚れてきたじゃない。夏はまめに洗わないと臭くなってしまうでしょ。今晩にでも洗っておきなさい！」

と、正江はややきつく言った。

「はい、わかりました。今晩洗います。すみません」

と、正俊はぺこりと頭を下げたのだ。正江は面喰《めんくら》った。「えっ?!」と思った。きっと口答えをするだろうと少し身構えて正俊に言ったのに、これは一体どうしたことなのだろう。

叱って下さって、有り難う

夕飯は、どんなに忙しくてもおばあちゃんも入って、一家五人が揃って食べるようにしている。それが長い間の青山青果店の習わしである。そして、夕飯はたいせつな一家だんらんの場として生かされている。

「さっきの正俊は立派だったわ。お母さん、びっくりしちゃった。どうしてあんなに素直にお母さんの言うことが聞けたの？」

と、正江がニコニコしながら話し出すと、正俊は例の首かけタオルで額の汗を拭きながら答えた。

「広田先生に教わったんだ。人間が立派に成長するのにいちばんたいせつなのは素直さだって——。素直でないのを傲慢《ごうまん》、高慢《こうまん》って言うんだって。そういう人はちっとも成長しないんだって」

「大事なことを教えてもらったなあ。広田先生はひと味違う先生だと、前から思っていたけれど——」

と、父親もまたタオルで額を拭きながら二人の話の中に入った。正江も大きくうなずき、祖母も妹の俊子もニコニコしながらうなずいた。

自分の大好きな先生が誉められて嬉しくなった正俊は、

「先生はね、叱られたり、注意されたりするのは、その人を立派にしようとしてくれる愛情なんだから、そのときに怒ったりするるんじゃなくて、感謝しなくちゃいけないんだって教えてくれたんだ。だから、しょっちゅう注意されてる大下君も山野君も、この頃は叱られるたびに、『有《あ》り難《がと》うございました』って言ってるんだよ」

と、一気に喋った。これを聞いて、「えっ? 叱られてもお礼を言うの」と、三年生の俊子が頓狂《とんきょう》な声をあげたので、みんな笑い出した。一家の食事は楽しく進んだ。正俊は、風呂に入る前に靴を洗い始めた。

Case 3

子犬のグッズの災難

待望の子犬が家族の一員に加わり、由美は父母と交わした五つの約束の実行に勤《いそ》しむのだが……。

犬を飼いたい

「犬を飼いたい。かわいらしい、ムクムクした子犬を飼いたい。ねえお母さん、いいでしょう。お父さんも賛成してよ、ねえ、ねえ――」

小学五年生の由美《ゆみ》は、ここのところずっと親にそうねだってきた。そして、許しが出ると、早速《さっそく》大喜びで子犬の新居の準備にとりかかった。数年前まで使っていた犬小屋をきれいに掃除し、白いペンキを塗り直した。汚れていた床板は、ブラシを使って洗い流し、そこには茶色のペンキを塗った。はやばやと餌《えさ》用の食器まで揃えると、もう子犬が来るのを待つばかりになった。

由美は、お金を出して子犬をペットショップから買う気にはなれなかった。「お金で買う」ということになんとなくなじめなかったからだ。それよりも、保健所に集められて殺されてしまう運命にある、かわいそうな子犬の一匹を飼いたいと思っていた。人助けならぬ犬助けにもなるし、との考えだった。

子犬がやってきた

「それはいい心がけだね」と由美の考えを誉めて、母親は早速保健所に問い合わせてくれた。そうして、月に一度そういう犬が集められる場所を教えてもらった。

ある日、由美は母親と弟と三人で、犬が「集められる場所」に出かけて行った。そこには子犬も成犬も老犬もいたが、先行きの運命を本能的に嗅《か》ぎとっているのか、どの犬も一様《いちよう》に元気がないように見受けられた。由美はなんとなく胸が詰まった。

そんな中から一匹、「この犬がいい」と三人の考えがぴったり一致した子犬をもらい受けることにした。コロコロ、ムクムクした本当にかわいらしいオスの子犬だった。由美は、もらう前から、犬の名前は漢字でつけたいといろいろ考え、「麿《まろ》」と決めていた。由美に抱かれた子犬は「マロ、マロ」と呼ばれて、小さなしっぽをしきりに振った。鼻を由美の胸にこすりつけるしぐさも、それはそれはかわいく、由美は何度も頭を撫《な》でた。

子犬を飼うための約束

由美が子犬を飼うに際しては、父親と母親からいくつかの条件が出された。それをきちんと守れるならば飼ってもいいが、もし守れなかったら犬を飼うことをやめさせる、と言い渡された。

・きちんと散歩に連れて行く。
・犬小屋の掃除、フンの始末をきちんとする。
・予防注射にも自分で連れて行く。

・飼育にかかわる費用の一切はお小遣《こづか》いの中から支出する。
・犬を飼うことで家族に新しい負担をかけない。

由美は、これらの五か条をきちんと紙に書いて、机の脇に貼りつけた。「必ず守ります。○年○月○日、大溝由美」という署名まで認《したた》めた。弟の勇も「僕も協力するよ、お姉ちゃん」と力強く宣言した。こうしてマロは、家族中の人気者になって迎えられた。

マロの喜ぶグッズ

由美は、子犬を飼いたいと心に決めてから何か月か、お小遣いを節約して、計画的にそれを貯め始めていた。餌代もかかるし、予防注射のお金もかかるし、それからマロのために、いろいろなグッズも買ってやりたいと思っていたからだ。それは、由美にとってかなりの額になっていた。

マロがやってきてからは、そのかわいさにいっそういろいろなグッズを揃えてやりたいと由美は思うようになった。ペットショップやホームセンターに行くと、ペット用品が目に飛び込んでくる。

計画的に貯めたたいせつなお金で、由美はまず子犬用の赤いベストを買った。ベストを背中から腹に巻いてやると、マロはまた一段とかわいらしく見えた。散歩用のロープ、首輪も吟味《ぎんみ》して買い求めた。

大きな犬小屋は、子犬のマロにはまだ広すぎる。きっと夜は寂しいだろう。それではかわいそうだ。そう思った由美は、かわいらしい熊のぬいぐるみを買った。これから冬を迎えるのに、木の床だけでは冷たいだろうと思い、クッションも買った。一応これでいい、と思ったが、やはりベッドも必要だろうと、すっぽりとマロが入れるおくるみベッドも買い入れた。

新しいグッズに興味を示したのか、マロはしきりにそれらにじゃれつき、噛《か》んだり、鼻をこすりつけたりしてひとしきり遊びまわった。それは由美にとって嬉しい光景だった。由美も勇も手を叩いた。

あれ、れ！

その晩、少し強い雨が降った。由美は、グッズを揃えてやって、本当によかったと思った。

由美は、寒い暗い夜の犬小屋の中で、マロがおくるみベッドにくるまって、熊のぬいぐるみを見ながら、退屈したらクッションに座ったりして楽しむ姿を想像した。すると、心がほわっと温かくなった。

ところが次の朝、由美の目は点になった。かわいい熊のぬいぐるみも、クッションもおくるみベッドも、乱暴に外に放り出されて汚れ、ぐしょぐしょに濡れていたのだ。「お母さん、お母さん！」と、由美は大声で呼んだ。

一見して訳を悟った母親は、笑いながら言った。

「マロには普通の犬小屋がいちばんなんだね。きっとみんな邪魔だったんでしょう」

「うん、うん」と、由美もうなずいた。

子猫を助ける話

寒さの中に震えていた子猫を連れて登校した久子と良子は友だちから褒められるが、田村先生は……。

わあ、かわいい！

寒い風が吹いていた。久子《ひさこ》はもう一度襟《えり》巻《ま》きをぎゅっと首に巻きつけて学校に向かった。手袋で耳を覆って歩いた。後ろから「久ちゃあん」という声が聞こえて仲良しの良子が走ってくる。ちょっと立ち止まって久子は良子を待った。「おはよう。すごく寒いねえ」と、良子は元気な声で挨拶《あいさつ》をした。二人は連れ立って学校に急いだのだが、

「あれ？」「ん？」

と、途中で二人は足を止めた。かすかに子猫の鳴き声がしたからだ。「猫の子みたい！」と、良子が頓狂な声を出した。そのときはもうはっきりと猫の子の鳴き声だとわかった。

二人は鳴き声のするほうに近寄った。小さい小さい白と黒の毛をしたかわいらしい子猫が枯れ草の中に立って寒さに震えていた。「かわいい！」と良子が叫んだ。「ほんとだ！」と久子が応じた。子猫は二人を認めると「ミャー、ミャー」としきりに鳴いた。助けを求めて哀願しているようだった。

「どうする？」と良子が言う。久子は迷った。「どうしようか」としか言えない。

「連れて行こうよ、学校へ。かわいそうだもん。このままじゃ死んじゃうかもしれないよ」

「そうだね。すっごくかわいらしいしね」

久子も、良子に言われてその気になった。良子が手を伸ばすと、子猫は良子のほうに擦《す》り寄ってきた。良子は、オーバーで包むようにして子猫を抱いて歩き出した。

子猫はしきりにミャー、ミャーと鳴いたが、それはもう悲しげではなく、喜んでいる声のように二人には聞こえた。「よかったね」と、今度は久子のほうから良子に言った。

いいことをしたねえ

学校が近づくにつれて、だんだん仲間が増えてきた。奈津子も、光江も、春子も奈々もだんだん集まってきた。歩きながら、みんなミャー、ミャーという声を聞いた。

「かわいそうだから、連れてきちゃった」

と、良子は聞かれるたびに言い、久子はつけ加えて子猫を見つけたときの様子を話した。

「いいことしたじゃん」「優しいとこあるんだねえ、良子ちゃん」などと、それぞれ口々に二人を褒めた。良子も久子も悪い気はしなかった。

学校に行けばいっぱい友だちがいる。誰か猫の好きな友だちがいるだろう。その人にかわいがってもらえればいい。五年生の仲間にもしそういう人がいなかったら、四年生や六年生にも聞いてみればいい。

でも、もし、誰もそういう人がいなかったらどうしよう。良子の家ではすでに猫を一匹飼っている。久子の家はお父さんが猫嫌いで猫の子を飼うことはできない。暗黙のうちに二人はこのことを承知していたので、あえて二人はそのことには触れずに来たのだった。わいわいと楽しいお喋りをしながら、お腹に抱いた子猫のかわいい鳴き声を耳にしていると、いいことをしたという思いばかりが先立ったが、久子も良子も、最後にこの子猫がどういうことになるのだろうか、という小さな不安は消しきれずにいた。学校は、もう目の前だった。

責任が持てないなら

「先生、おはようございます」「おはようございます」「おはようございます」。子供たちが次々にする挨拶に、田村先生はいつものように笑顔で「やあ、おはよう。寒い中をよく来たなあ」「おはよう」「おはよう」と明るい挨拶を返していた。

お喋りの玲子が、「先生、久子ちゃんたちね、子猫を助けたんだよ。かわいい白と黒の子猫を連れてきたんだよ」と、田村先生に話した。

「えっ？ 子猫だって？」

田村先生は、一瞬ちょっと戸惑いの表情を見せた。「それで、その子猫どうするんだい」と、田村先生は玲子に聞いた。しかし、玲子は、「それは私にはわかりません。でも、先生、すごくかわいいよ」と、何度も話された言葉を口にした。これに対して「動物の子供というものは、人間の子供と同じようにみんなかわいいもんだよ」と田村先生は答えたのだが、いつもの明るさとはちょっと違った感じを受けて、玲子は少し気になった。

授業の始まる前に「少し話をしたい」とクラスのみんなに告げて、田村先生はこんな話をした。

「子犬や子猫が捨てられていることがある。それを見ると誰もがかわいさに哀れを催して、それを助けてやりたいと思う。その心自体はとてもたいせつなことだ。いいことだ」

そこで先生はちょっと間を置いてから、

「しかし、愛には責任が伴わなくてはいけない。子犬や子猫を助けるなら、最後まで自分が責任を持って育てることが条件になる。久子さんや良子さんはそこまで考えたかな。どうだろう」

と言った。久子も良子も首を横に振った。

「それでは、残念ながら無責任だ。責任を持てない愛、責任の伴わない愛は遊びと同じだ。かわいそうなようだが、子犬も子猫も自分の力で生きていかなくてはいけない。責任が持てないなら、そのままにしておくしかない」

田村先生はそう言って話を閉じたのだった。

野口語録
NOGUCHIGOROKU

子供のすることなすこと感じることをできるだけ詳細に見届け、良いものは良いとし、良くないものは良くないとして裁いていき、善を伸ばし、悪を矯《た》めていくのが教育であり、指導である。それを見分けていく場合の物差しは「教師の解」に他ならない。教師の解を基準にして正誤、当否を見分けていくのである。その故にこそ、教師は充分に解を高らしむるべく学び続けなければならないのだ。

理のある事情

下校時の校門近くで突然落下してきた鉄製のステップ。危うく難を逃れた美枝子は……。

降ってきた鉄の塊

五年生にもなると、女の子たちはかなりお喋りになる。「箸《はし》が転んでもおかしい」年にさしかかるからだろうか。学校での一日を終えた下校時は、いっそうみんな寛《くつろ》いで多弁になる。

美枝子《みえこ》も幸子も洋子も千恵も、大きな声で喋ったり笑ったりしながら校内を出た。校門を左に出て歩道を歩き始めたと思ったとたんに、美枝子が「ぎゃっ」というような叫び声をあげた。その声があまりに大きく異常だったので、わいわい騒いでいた女の子たちもぎょっとして立ち止まった。同時に、ガッツーンと鈍い大きな音がして、何やら歩道に落下してはね返り、弾んだ。みんな眼《め》を丸くした。

そして、みんな一斉に上を見上げた。そこには、電柱に上って何やら工事をしているらしい男の人が見えた。

落下してきた物は、鉄製の頑丈《がんじょう》なステップだった。ステップというのは、電柱に上っていくための足掛けの金具である。ねじこみ用の螺旋《らせん》状の切りこみの先端は鋭くとがっている。それが、美枝子の鼻先をかすめるようにして空から落下してきたのである。

それにしても、不幸中の幸いと言わねばなるまい。美枝子があと何十分の一秒か早く歩いていたら、鉄製のステップは美枝子の脳天を直撃していたに違いない。もしそうなっていたら――、おそらく身の毛もよだつ惨状《さんじょう》が現出したことだろう。美枝子にはかすり傷一つ負わせることなく、そのステップは地上に落下し、はね返ったのだった。

おじさんっ！ 危ないわよ！

一瞬のうちに起きた事件の怖《こわ》さに、息を呑《の》んで言葉も出なかった女の子たちは、誰も怪《け》我《が》をした者がなく、無事だったことがわかると、堰《せき》を切ったように電柱で工事をしている作業員に抗議の声を浴びせた。

「おじさんっ、気をつけてよっ」

「危ないわよ。鉄の塊《かたまり》が落ちてきたわよ。怪我をするところだったわ、気をつけて下さいよ」

口々に、大きな声でわめくように電柱の上の男に向かって抗議をした。当の美枝子は、あまりの恐ろしさに、とても抗議などする気にはなれなかった。

電柱の作業員は、自分の手からうっかり落としてしまった物がどれほど危険なものであり、自分の犯した過失がどんなに恐ろしいことかを十分に知っていた。

「あっ！」と叫んだときにはもう間に合わなかった。下を見たとたんに、小学生の列の中にそれが落下していくことがわかり、反射的にぎゅっと眼《め》をつむった。次に、何が起こるかが、十分にわかっていたからだ。

だが、誰も倒れず、誰も駆け寄らず、金具だけが道路に落下して弾んだらしいことを知って、彼は眼を開いた。悔いと、恐ろしさとで肝《きも》をつぶしたが、ともかくいち早く下に降りて謝罪をしなければならない。彼は直ちに降り始めた。

なぜ、そんなに遅いの！

抗議をしながら、女の子たちには電柱から降りてくる作業員の動作があまりにも緩慢《かんまん》に映った。それは、まるでふてくされた態度のようにも見えた。みんなそのことにイライラして、口々に不満を言い、降りてくる作業員に文句をぶちまけた。

「なぜ、そんなにゆっくりなんですか。もっと早く降りて下さい」

「怪我をしてたらどうするの！」

女の子たちはイライラを募らせ、口調もきつくなり、声も大きくなっていった。

しかし、作業員の降りる速さに変わりはなかった。確かにそれは、地上にいる者からすれば、異様に緩慢な行動に見えた。

全くの過失だった

ようやく地上に降り立った作業員は、まず、怪我人の有無を確かめてから、自分の不注意を詫《わ》びた。

しかし、いらだちを強めていた女の子たちは、すんなりと承服はしなかった。

「どうして、こんなことをしたんですか。大変なことですよ！」

と、口々に抗議を続けた。作業員はただただ詫びるしかなかった。その態度に不遜《ふそん》なところは見られなかった。子供の知らせで教師も三人駆けつけ、ともかく無事故であったことを喜び合い、あとは先生に任せてくれるようにと伝えて子供たちを帰した。

　事件はすぐに工事会社に伝えられ、会社の責任者も学校に駆けつけた。学校も詳しい事情を聞き、全くの過失であることを確認した。

二次災害を防ぐために

　家に着いた子供から事件の内容を聞いた母親たちから学校へ電話があり、「過失は許せるとしても、電柱の降り方が遅いという不誠実さは許しがたい」との抗議が寄せられた。同様の思いを抱いていた教員もいたので、教頭がこの点を質問すると、作業員から次のような答えが返ってきた。

　少しでも早く降りたいのは山々だったが、降りる決まりは上る決まりよりも厳しい。常に三点支持を守らないと二次災害を招きかねない。申し訳ないとは思いつつ、心を鬼にして安全を確保しながら降りざるを得ませんでした――と。

　会社の責任者も作業員といっしょに深く頭を下げた。教頭は何度もうなずいた。一方的、一面的な見方だけではいけないのだ、と思った。

ブラジルの少年に教わったこと

ボール投げの遊びで小学校の大きなガラスが割れてしまい、ウィリアム君はその責任を取って弁償するのだが……。

昇降口の大きなガラスが割れた

ガチャーン！　という大きな音とともに小学校の昇降口でいちばん大きく立派なガラスが割れた。子供たちはびっくりして、たちまち割れたガラスを囲んで輪ができた。大きな音に驚いて先生方も駆けつけてきた。六年生のウィリアム君は青ざめた顔で立ちすくんだ。彼も一瞬何が起こったのかわからなかった。

「どうしたの、一体」と、担任のみゆき先生が尋ねると、ウィリアム君は、はっと我《われ》に返ったように「僕が割ってしまったんです。ごめんなさい」と答えてうなだれた。「とにかく、まずガラスを片づけましょう。話はそれから聞くわ。でも、怪我がなくてよかったね」。みゆき先生は、そう言ってガラスの破片を片づけにかかった。ウィリアム君も、友だちもすぐに手伝い始めて、ほどなくガラスの破片は片づいた。

落ち着いてから話を聞くと、業間休みに友だちとボール投げをして遊び、チャイムが鳴ったので遊びをやめようと、ウィリアム君は相手の大野君とだんだん距離を縮めながらボールをやりとりしつつ昇降口に近づいたのだった。これでおしまい、というフィナーレで大野君が強くボールを床に叩きつけ、大きく弾んだボールをウィリアム君が受けそこねて、昇降口のガラスを割ってしまったというわけだった。

「僕が失敗したんだから、僕が弁償します」と、ウィリアム君はみゆき先生の顔を見つめてきっぱりと言った。しかし、みゆき先生は迷った。なにしろウィリアム君は、ブラジルから出稼ぎに来ている父親に伴われて来日した子供である。経済状態がかなり苦しいことを、みゆき先生はよく知っていたからである。いくら、学校の方針とはいえ、一万円を超すガラス代をウィリアム君に負担させてよいものかどうか。

また、これはボール遊びの相手である大野君にだって半分ぐらいの責任がありそうな気もする。さて、どうしたものだろう——、とみゆき先生は考えこんでしまった。

自分の金で弁償したい

二日ほど経った朝、ウィリアム君はにこにこしながら、「先生、これガラスの弁償です」と、みゆき先生にお金をさし出した。「弁償って、ウィリアム君、このお金どうして手に入れたの」みゆき先生は、そう聞かずにはいられなかった。すると、ウィリアム君は、目を輝かせて答えた。

「僕、いいことを思いついたんです。音楽を聴きたくてお金を貯めて買ったラジカセがある。まだ新しいから、それを売ればいいって——。それで知り合いのおじさんに話したら、買ってくれたんです」

みゆき先生は驚いた。ウィリアム君の純粋な気持ちは尊いけれど、そんなことまでさせて弁償しなくてはいけないものなのだろうか。これは、校長に相談しなくてはいけない。そう考えて、みゆき先生は校長にこのいきさつを報告した。

校長先生もびっくりして、「そんなことまでして弁償させては気の毒だ。弁償しようという気持ちがたいせつなのだから、ガラス代は学校で払うことにして、そのお金はすぐにウィリアム君に返しましょう」と言った。みゆき先生もほっとして、早速ウィリアム君にこの話を伝えたのだが、ウィリアム君はそれを拒んで弁償したいと主張した。

「ラジカセは、お金が貯まればまた買い戻せる約束をしてあります。だから心配はいりません。学校の決まりを、僕は守りたいんです」

みゆき先生は、あらためてウィリアム君の考え方の立派なことに感じ入った。そこでこの顛末《てんまつ》をまた校長に報告した。「ほ、ほう」と、校長先生も驚いて「そこまで言うならば、彼の考え方も尊重しなくてはいけないでしょう。ひとまずウィリアム君の言うとおりにして、卒業の折にでも、別の形でこのお金は返すことにしましょう」と言った。

弁償金を学校が受け取ることを伝えるとウィリアム君はとても喜んだ。

卒業式の訓示に生かす

みゆき先生も校長先生も、このブラジルの一少年の言動には鉄槌《てっつい》を食らったような衝撃を覚えた。今の日本の子供たちに、これだけの責任感を我々は育ててきただろうか。そして、そういう子供が日本に一人でもいるのだろうか。現に大野君も大野君の親からも、この件についてはひと言の話もない。この美しく、そして厳しいウィリアム君の考え方は、どこかできちんと日本の子供たちや親たちに伝えなければならない。校長は強くそう思った。

ウィリアム君たちの卒業式の当日、ウィリアム君の父親が一保護者として来校した。母親はブラジル人だが父親は日本人で、日本語は自由に話せる人だ。

校長は父親に面会を求め、ウィリアム君のガラス代弁償の一件を、卒業式の校長訓辞に使わせてほしいとお願いした。いささか家庭的なプライバシーにも触れることになるが——、とも伝えると、父親はすべて自由に話してかまわないと快諾《かいだく》してくれた。

校長は訓辞の途中で感動のあまり、何度か絶句し、式場は水を打ったように静まり返った。訓示の途中で求められて起立したウィリアム君に、しばらく拍手が鳴りやまなかった。

野口語録
NOGUCHIGOROKU

これからの子供に「生きる力」をつけようと考えるならば、贅沢《ぜいたく》や豊かさを人為的にコントロールして、やはり「耐えたり」「頑張ったり」「工夫したり」することの大切さと、困難を「克服」することによって得られる人間としての「喜び」とを味わわせていくような、「硬派の教育」が必要になる。そのほうが、本当に子供の今後の人生を幸せにすると思うのだ。

敵味方を超えた慰霊

恵一は大好きな爺と栗採りに出かけた。ある栗の木の周りの草を刈り払うと、鎌の刃に何かが強く当たり……。

深い山で見つけた米兵の墓

「そろそろ栗が採れる。今年も栗採りに行くべぇか」

大好きな爺《じい》が恵一《けいいち》に声をかけた。恵一は眼《め》を輝かせた。

「行く、行く。去年は大汗かいていっぱい採ったもんね」

「そうか、行くかい。んじゃ、今年は別の山を考えるべぇ」

爺は、そう言うと、立ち上がって栗挟《ばさ》みや籠《かご》を探しに納屋《なや》のほうに行った。恵一も、いそいそと爺の後に従った。

数日経った土曜日はいい天気だった。二人は山に出かけた。

「すげぇ山だ。去年の山よりももっと荒れてんなぁ。山仕事をする人もねぇから、大ぼさらになっちまって――」

爺は、鎌を振るって草や竹や蔓《つる》を払いながら進んでいく。恵一も爺を真似ながら進む道を切り開いていく。

ようやく山の少し平らな場所に出たところで、たわわに実る栗の木に出くわした。艶《つや》やかな栗の実が、割れた毬《いが》から顔を見せている。二人はうなずき合うと、この一本からの収穫を肚に決めた。その前にちょっと一服しようと、二人は辺りの草を刈り払い始めた。

ガチッという嫌な音と「あっ！」と恵一が叫んだのと一緒だった。鎌の刃が一箇所大きく毀《こぼ》れている。かなり固い物に鎌の刃があたったらしい。力を入れて刈っていたので、刃の毀れも音も大きかったというわけだ。

「なんだ？ どうしたんだ恵一！」

爺が近づいてきて、恵一の指したほうを見ながら用心深く鎌を使って草をかき分けると、古びた石が見えた。

「うーん、これは山の神様かなぁー。や？ お墓か、な？」

爺はさらに周りの草を刈り払った。

すると、苔《こけ》の生えた石柱が出てきた。お墓らしい。


「こんなところに、お墓があるとは知らなかったなぁ」

と呟《つぶや》きながら、爺は刈り取った草でごしごし墓の表を払った。

「ほ、ほう。B29、搭乗員の――墓、――か。昭和――二十六年、うーん六月、三日。合田孝一《あいだこういち》、之《これ》を建て――る」

爺はしゃがんでゆっくりと読み終え、「うーん」と言ったまましばらくじっと黙っていた。――が、やがてきちんと姿勢を正すと、合掌《がっしょう》し深く一礼をした。恵一も、爺のしたように姿勢を正すと手を合わせて深い黙礼をした。

昭和二十年五月、高射砲に撃墜《げきつい》された米空軍のB29が近くの山に落ちたという遠い記憶を、爺は思い出していた。

なぜ、敵兵の墓を？

「爺ちゃんは、この墓を建てた合田《あいだ》さんて人、知ってるの？」

山栗をたっぷり捥《も》いで、一服しているときに恵一が尋ねた。

「たぶん、山ン沢の油屋のお爺さんだと思うがなぁ――」

「山ン沢ならそんなに遠くないねぇ。僕、その人を訪ねてみたいんだけどなぁ――。爺ちゃん、その人の家を教えてよ」

「ほ、ほう。なんでまた、そんな気になったんだ、おまえは」

「うん、六年生だから日本史を勉強してるの。日本はアメリカと戦ったんだよね。B29ってのはアメリカの飛行機でしょ。この合田さんて人は、敵の兵隊の墓を建てたんだよね。普通、そんなことしないでしょう？」

「なるほど、おまえは大した六年生だ――。よし、連れてってやる。あの墓の話は爺も知っておきたいかんなぁ――」

「ねぇ、お爺ちゃん。合田さんは、内緒でお墓を建てたんかもしんないね。だって、反対する人だって多いでしょう？」

「うーん。とにかく、これはたいへんな発見だ――」

爺と恵一は、墓の周りの草を刈り、もう一度深い黙礼をして山を降りた。風が涼しく、里には夕闇が迫っていた。

死ねば敵も味方もない

墓を建てた合田孝一氏はすでにこの世になく、子息の孝司《こうじ》氏が思い出を語ってくれた。

墓の話は故人から聞いている。孝司氏の兄が外地で戦死し、両親はそれをたいへん悲しんだ。

「どんなにか故国に帰りたかったことだろう。死ねば敵も味方もない。気の毒な思いだけが残る。ここで散った米兵たちとて、その思いは変わるまい。墜落した山に墓を建てて供養すれば、霊も少しは慰められ、安らぐことだろう」――。私が、まだ幼い子供だった頃、父と母がそんな話をしてくれた。

しかし、何分《なにぶん》にも日本軍を苦しめた敵国の兵士の墓である。父も母も、誰にも知られないように、こっそりと自分の家の山に墓を建て、密かに墓参りをしていた。私も何度か連れられて墓参りをしたことがあったが、いつの間にか忘れてしまっていた。その墓を見つけてくれて有り難い。久々に私も、あの懐かしい米兵の墓にお参りをすることにしましょう。

孝司氏もすでに爺の年齢に近い白髪の物静かな老人になっていた。恵一は、国境を越えた人間愛の物語を目の当《ま》たりにして、大きな感動を覚えた。そして、思い切って言った。

「僕にもお参りをさせて下さい。合田さんとご一緒に――」

すると、爺も「わしも、ぜひ――」と口を揃えた。

孝司氏はたいへん喜んでくれた。恵一は、花束を捧げようと決めた。

お金が目当てではあったが——

ゲーム機が欲しい弘は、姉の奈美に頼んで、父母に家事の手伝いをして働くことを提案したが……。

ゲーム機が欲しい

弘《ひろし》は、ゲーム機がどうしても欲しい、と思うようになった。仲良しの光太《こうた》の家に遊びに行って、その面白さにとりつかれたからだ。値段は一万六千八百円もすると光太が自慢げに話していたことも、弘にいよいよそのゲーム機を欲しいと思わせる引き金になった。

お小遣いを倹約して貯めてきたお金が八千円ほどになっていた。あと九千円あれば、そのゲーム機が手に入ることになるのだが、それだけのお金を貯めるには時間がかかりすぎる。お母さんにねだっても、お父さんにねだっても、そう簡単に承知してはくれないだろう。「お姉ちゃんが今年から高校に入って、お金もかかるから」と、お母さんがパートで働き始めたぐらいだ。お父さんの会社もあまり景気が良くないらしく、以前のようにゴルフにも出かけなくなっている。

しかし、あれこれ考えれば考えるほど、弘は、ますますゲーム機への夢をかき立てられるのだ。どうしても欲しい。やっぱり欲しい、という思いがふくらむ。〝なんとしても手に入れたい。——そうだ、姉ちゃんに相談してみよう〟と考えて、弘は少し明るい気分になった。

姉の名案

「えっ？　そんなにするの？！」

と、姉の奈美《なみ》は目を丸くして素《す》っ頓狂《とんきょう》な大声を上げた。

「そのくらいするさぁ。なにしろ、すごいゲーム機なんだもん」

と、弘は奈美の驚きを制するように言った。奈美は子細《しさい》らしく
「うーん、九千円かぁ。おねだりするにはちょっと高額すぎるようだわねぇ」

と、腕組みをして溜息《ためいき》をついた。

「でもさぁ、どうしても欲しいんだよ。姉ちゃん、力になってよ。このとおり、頼むからさぁ」

ここが頑張りどころだと、弘は両手を合わせて奈美を拝んだ。奈美から話してもらえれば、弘が一人でねだるよりはずっと効《き》き目《め》がある。

拝まれて、奈美は少しいい気分になった。姉として力になってやらねばなるまい、とちらりと思ったほどだ。

奈美は、腕組みを解くと右の拳《こぶし》で左の掌《てのひら》をポンと叩いた。にっこり笑うと、弘の眼《め》をぐんと覗《のぞ》きこんだ。自信ありげな様子だ。弘は
「何？　姉ちゃん。うまい考えがあるの？」

と、釣り込まれて問うた。

「ある！　――でもね、二か月はかかるよ。それでもいい？」

「いいさ、二か月ぐらいなら我慢するよ」

「よし、それなら決まった。お姉ちゃんが

お母さんとお父さんに話してあげる。——任せといて」

奈美は、ポンと弘の肩を叩いて自信のあるところを見せた。

交渉成立

「お父さんもお母さんも、ちょっと聞いてちょうだい。これは私のお願いではなくて、本当は弘のお願いなんだけど——」

と、前置きをして奈美が話を切り出した。夕飯が済んで、ちょっとくつろいだひとときである。

まず、弘がゲーム機をどうしても手に入れたいと言っていることを告げ、一万七千円近くすること、八千円は弘が出すと言っていること、残りの九千円をなんとかしたいのだが、家計を考えるとちょっとねだりにくいことなどをかいつまんで話した。

「そこでね、弘は、二か月間働きたいと言うの。玄関とお風呂の掃除、それにお父さんとお母さんと私の靴磨きを毎日する。そのお給料は、私が五百円、お父さんが二千円、お母さんが二千円を負担する——という考えはどうかしら」

「ふうん。今までの弘にしては感心なことだなぁ」

と、お父さんが呟くと、

「もし、怠《なま》けたりしたらどうなるの。そこもちゃんと決めて……」とお母さんが言いかけたところで

「ぼく、怠けたりしないよ。もし、怠けたりしたら給料を減らしたっていいよ」

と、弘が口をとがらせた。それがあまりに熱

心な言い方だったので、みんなどっと笑った。

　そこで話は半ば決まったような形になった。弘はガッツポーズをつくってみんなの期待に応えた。

弘の心の変化

　弘は、よく頑張った。朝のうちに靴を磨くことは当然として、少しずつ早起きして玄関掃除も朝のうちに済ますようになった。それまでの弘は決して早起きではなかったので、弘はみんなに褒められることになった。そんな弘の変化をお母さんは「お金が目当てなのかもしれないけど、とにかく感心な子になったわねぇ」と、皮肉っぽい口調で喜んだ。

　風呂掃除も、回を重ねるごとに少しずつ上手になり、手をかけることによって風呂場がきれいになっていくことが、弘の楽しみの一つにもなっていった。

　あと十日でいよいよ九千円が手に入ると目《め》途《ど》が立った頃から、弘は、この仕事をふっつりやめてしまうことが少し惜しいような気がし始めている自分に気がついた。待望のゲーム機を手に入れてからも、この仕事はしばらく続けたいものだ、と思う自分を嬉しく思った。

朝めしとお弁当

朝食抜きで登校する中学生が増えてきていることをめぐって、大西教頭が指摘したこととは……。

朝食も弁当も用意しない母親

春山《はるやま》教頭が「ちょっと申し上げにくいのですが」と前置きをして、こんな話をした。数校のＰＴＡ幹部会でのことだ。

「給料がいいからでしょうか、この頃、夜の仕事に出るお母さん方が増えています。どうしても帰宅が遅くなるらしく、朝起きるのがきついようです。その結果、朝食をとらずに学校に出てくる中学生が、どうやら少しずつ増えているようです。朝食をとっていない子は、お昼を待ちきれずに近くの店に出かけて、ちょっとジュースやパンなどを食べるということになりがちです」

この発言に、三十人ばかりのＰＴＡの幹部は一様《いちよう》に「ほう！」という驚きとも溜息ともつかぬ動きを見せた。困ったことだ、という受け止め方をしていることがそれらの反応から読みとれる。春山教頭は、これらの反応を見ながら、

「なんとか頑張っていただいて、せめて朝食ぐらいはお子さんに食べさせてもらえるように、ＰＴＡとしてもなんらかの働きかけができないものでしょうか」

と、問題を投げかけて話を終えた。しばらく沈黙が生まれ、やがていくつかの発言があった。

「子供第一に考えてもらわないと、子供が気の毒ですよね」

「この頃は、どうも親が自分勝手になってきているような気がしますなあ」

「PTAとしても、子供を第一に考えてくれるようにという広報活動をしないといけませんねえ」

「この頃は、子供にお弁当を作ってやらない家がずいぶんあるようですよ。お金で解決する風潮が強いから――」

これらの発言は、手を挙げてなされたものもあるし、近くの人との呟きの形でなされたものもある。

年に一度、近隣の一中学校と三小学校のPTA幹部の懇親《こんしん》を兼ねた集まりの席が持たれている。三つの小学校からはすべて、この中学校に子供が進学するようになる。なにかと連絡をとっておいたほうが、先々都合がよいだろうということで発足した会で、校長、教頭、教務主任も仲間入りする。懇親会だけではもったいないからと、学校の様子などを話題にすることにしたのは、一つの進歩であった。春山教頭は中学校現場からの率直な発言をし、それがかなり注目されたことで、いくぶんか満足していたようである。大方の話が、春山教頭が意図していた方向に進んでいるのも、嬉しかったようだ。

朝食も弁当も、作れない子供

そんな話が活発になされている中で、今年

教頭になったばかりの最も若年の大西教頭が遠慮がちに挙手をした。

「私は、お話を伺いながら少し腑《ふ》に落ちないところがあるので、ちょっと発言をしたいのですが――」

この申し出に、司会役の山田ＰＴＡ会長は、「どうぞ、どうぞご自由に」と応じた。

大西教頭は、

「では、失礼いたします。私は、お母さんが少しでも収入を増やそうとして仕事を選択することには別に問題はないと思います。それが水商売であったにしても、責められることではないと思います」

と、話し始めた。ひと味違う発言の中身に少し一座はざわついた感じだった。新参者《しんざんもの》の教頭への興味もあったのかもしれない。

「夜遅くまで働けば疲れるのは当然です。疲れのために朝普通に起きられないというのも、よくわかることです。そのことによって子供の朝食や弁当の用意が思うに任せないということも、同情まではともかく、責める気にはなりません」

話の成り行きに、皆は一様に口を噤《つぐ》んだ。しんとなった。

「問題は、子供の側にもあるのではないでしょうか。春山先生は中学校の実状を話されましたが、お母さんが夜遅くまで働くのは誰のためでしょうか。ひと言で言えば、子供たちのためでしょう。そういうお母さん方の多くは母子家庭だということも、春山先生は話されました。そうならなおさらのこと、子供には、お母さんを大切《たいせつ》にすることを教育すべきではないでしょうか。中学生なら、朝食の仕度やお弁当作りぐらいは十分にできるでしょう。小学校のときから家庭科を教えているんですから、そういう場合にこそ家庭科の勉強が役立てられなくてはいけないと思いますよ」

「うん、うん」とうなずく者がいた。「そのとおりだ」という表情も窺《うかが》える。大西教頭は、それらを確かめながら言った。

「お母さん、毎晩遅くまでありがとう。お疲れでしょう。朝ご飯の仕度をしてありますから食べてください。ぼくたちは一足先に学校に行きます。弁当も作りましたから、心配はいりません。ゆっくり休んでください。

――そんな書き置きでもしておいたなら、どんなにお母さんが喜ぶかしれません。お母さんだけが悪いのではなく、学校がすべき子供への教育内容のほうにむしろ問題があるのではないでしょうか」

懇親の席でも、親と子の責任をめぐる大西教頭のこの発言は大きな話題となった。さて、読者諸賢のご感想はいかがでしょう。

野口語録
NOGUCHIGOROKU

多様な子供の意見や考え方をそれぞれたいせつに受け止める、ということ自体はたいせつな配慮である。しかし、誤りを誤りとわからせない授業、どちらがより深く、確かな解なのかを明示しないような授業、活動ばっかりで指導の入らない授業ではいけない。

第一章のまとめ
「自立の時期」の親のありよう

北海道、南千島、サハリンなどに棲息《せいそく》するキタキツネの生態が物語り風の記録映画として撮影され、大きな反響を呼び、広く視聴されたことがあります。今から二十年近くも前のことですから、私の記憶もおぼろげではありますが、それまでかわいがって育ててきた子狐を、ある日突然母狐がいじめ始める場面は私の胸を衝《つ》き、今もその衝撃的な光景をありありと思い浮かべることができます。「いじめ始めた」親狐の行動に大きな戸惑いを示す子狐の、あの訝《いぶか》しげな悲しいまなざしの哀れさが、今も私の脳裏に鮮やかです。

一見いじめと映った母狐の行動は、実は子に「自立の力」「自活の力」を身につけさせるための「愛に満ちた教育」に他なりませんでした。その「愛に満ちた教育」は、すさまじいものです。烈《はげ》しい寒風の荒《すさ》ぶ雪原で、優しい母狐は突如として子狐に牙《きば》をむき、咬《か》みつき、激しく攻め、追い回します。始めは母親との戯《たわむ》れと思ってじゃれついていた子狐は、間もなくそれがただごとならぬ狂気に近い母狐の加害と知り、次第に逃げ回る距離を広げていきます。

愛するが故にこそ心ならずも――、不本意に子狐を苦しめねばならぬ母狐の内心の悲しみと哀切が、クローズアップされてスクリーンに広がります。母狐を恋い、慕いつつ、あまりに激しい母狐の迫害にたまりかねて逃げ惑う子狐の瞳の哀しさもまたクローズアップされます。それらが、強く、深く私の心を打ち、私は溢れる涙を抑えかねました。

やがて――、吹雪の雪原の果てにぽつんと佇《たたず》む子狐の姿が一つ小さく遠景として映ります。遠く離れて行った、というよりも追いやってしまった我が子の姿をじっと見つめて立ち尽くす母狐の姿は、語る言葉を持たねばこそなおさらに、万感の想いを湛《たた》えて私の胸を揺さぶりました。こうして「子別れの儀式」が終わります。

この時を限りとして、子狐はあの寒風の吹き荒ぶ北の大地で、これからの生涯の一人旅を、雄々しく、逞《たくま》しく続けていくのです。自然界の動物の「自立の力」「自活の力」は、こうして与えられるのです。そして、子に自活の力を与えることによって、母狐は「子育て」のすべての役割を果たし終えるのです。

さて、私は、この第一章の始めに「庇護《ひご》の時期」から「自立への時期」という言葉を書きました。そして、本当に難しいのは、実は「自立への時期」の教育ではないか、ということも書いておきました。それは、「子育て」ということの最終的な目的と大きくかかわることだからです。「国家及び社会の形成者として必要な資質を養うこと」（「教育基本法」）、これこそが、我が子を育てる最終的な大目標なのです。「庇護の時期」は、そのための準備期に過ぎません。

どのようにして「自立への時期」の教育を充実させていくかが、本当は難しくかつ重大です。かわいがってばかりいたのでは、だめです。キタキツネのあの子育てのありようは、私たちへの無言の重い問いかけとも言えましょう。生存本能に基づく動物界の子育ては、いわば神の意志に従う子育てです。私たちも、神の意志に従うような本物の子育てを具現したいものです。

第二章
心を動かす言葉の力

第二章の序
保守と確実と安定と

教育には昔から相異なる二つの考え方が存在します。人間を「性善」と見るか、「性悪」と見るかによって分かれます。性善の考え方に立てば、人の子は教えずとも自《おの》ずと良く育つのだから、なるべく外側からの教育を少なくするほうがよいということになります。いっぽう、性悪の見方に立てば、教え、正さなければ良い人間には育たない。だから、厳しくしつけて育てなくてはいけないということになります。

文化が開けない貧しい時代には、厳しくしつける教育観が主流です。文化が進み、豊かな社会になるにつれて、一人ひとりの人間の個性が尊重されるようになります。子供の権利や個性や自主性が重んじられ、外からの教育の力は徐々に後退していく傾向を生じます。現在の日本では、後者の考え方が幅を利かし、親も教師も子供の教育に対して臆病になり、自信を失い、戸惑い、果ては悩んでいる、という状況です。

ともすると「人は易《やす》きに流れ」ます。それが残念ながら人の本性です。時代の進展につれて表れてくる「新しい考え方」は、実は「新しい」が故に、時代の裁きをまだ受けていない不安定さと未熟さとを孕《はら》んでいます。それが果たして本当に妥当で望ましい考え方であるのかどうか、実はまだ疑わしいのです。

私は教育というものの最大の役割は、営々として築かれてきた人類の貴重な文化を、後代に伝えていくことにあると考えています。つまり、本質的に教育は「保守的」であるべきだという考え方です。技術や科学の世界では常に「革新」こそが必要です。そこから進歩も生まれるのですが、こと教育に限れば、「進歩」よりはむしろ「確実」と「安定」こそがたいせつではないでしょうか。

子供を過信し、子供のやりたいようにさせることは、放任、放置、教育の放棄につながりかねません。本当に子供の将来や、かけがえのない一回きりの人生の幸福を深く考えれば、社会に通用し、社会に有用とされるオーソドックスでまともな人間に育ててやることこそが絶対に必要です。ここに出てくる話のいくつかは、子育てを深く考えるうえで適当なヒントになることでしょう。

食事どきのしつけ

日記指導に熱心な畑川先生。ある日、給食時間に生徒の日記に目を通していたところ、箸をつけない清枝たちに……。

担任としての新しい夢

五年二組の担任になった畑川先生は、いろいろな夢を描いていた。五年生の担任はすでに二回経験しているので、今回は三度めということになる。これまでの経験を生かして、十分に納得できる学級経営をしてみたいものだと考えていた。特に支障がない限り、六年生を終えて卒業するまでの二年間を担任することになるだろう。小学校六年間の生活の総仕上げを自分が担当するということになる。その責任は重大である。

学力を十分につけて中学校に送り出さなければいけない。漢字指導や計算指導には特に力を入れていきたい。自学自習の習慣づけのために、宿題は無理のない程度に毎日計画的に出していこう。

また、学力とともに「心の教育」にも力を入れたい。豊かな人間性を持ったうるおいのある子供たちに育てたい。そのために日記指導を実践していこう。子供たちがどんなことを考え、何に感動し、どんな生活をしているのか、それらを毎日日記に書かせて眼《め》を通す。そうすれば、一人ひとりの子供の心の中がよくわかり、生徒指導や道徳指導のうえからも好都合だ。

四年生を終えるときにクラス替えが行われ、新しい学級編成がなされたばかりである。クラスとしてのまとまりはまだできていない。そういう心の動揺期には、日記指導がとりわけ効力を発揮してくれる。楽しみだ。

順調な学級開き

子供たちは始業式の折に、担任が畑川先生だと校長先生から発表されたときに、歓声を上げた。畑川先生にとってそれは大変な励みであり、嬉しいことだった。「うまくいくぞ！」という予感が生まれた。畑川先生は子供たちの歓声に手を振って応えた。

教室での第一声をどのように発しようか。どのような学級開《びら》きをしようか。畑川先生は、そのこともすでに決めてあった。

「畑川正彦です。五年生二組の担任としてこの一年間、皆さんと一緒に暮らします。担任発表のときには、みんなが喜んでくれたので、私もとっても嬉しくなりました。楽しいクラス、仲良しのクラス、真剣に勉強し合うクラスを、みんなで作りましょう。どのクラスにも負けない、いいクラスを作り上げましょう」

子供たちは、きちんと姿勢を正し、畑川先生の顔を正視しながらこの話を聞いていた。うなずく子供もいっぱいいた。畑川先生は、子供たちの澄んだ瞳に見つめられながら、襟《えり》を正すような緊張感をふと覚えた。

「四年生のときから、皆さんはとてもいい学年だと言われてきました。まじめで、明るく、規律をきちんと守れる子供たちでした。今年からは高学年になります。この学校の上級生として下級生の手本となるように、私も一所懸命努力します。当分の間は、日記指導に力を入れたいと思います。四年生まではそういうことはしてこなかったそうですから、初めての経験になりますね。皆さんの書いた日記を、私はその日のうちに読んで返すように努めます。やってみると楽しいことがきっとわかってくるでしょう」

うなずきながらきちんと話が聞ける子供たちを、畑川先生は心から愛《いとお》しく思った。上々の出合いで一日は終わった。

ベテラン教師の教訓

すでに日記を書き始めて十日ほど経った。どの子も誠実に日記を書き続けている。畑川先生は大いに満足していた。学校もだんだん忙しくなり、日記帳に眼を通す時間がなかなかとれなくなり、給食の準備をしている間にも日記を見るようになっていた。その日は特に忙しく、子供たちが給食を食べ始めたのに、畑川先生はまだ日記に眼を通し続けていた。子供たちの楽しいお喋りを耳にしながら、切りのよいところで先生も日記帳を脇に押し寄せて、食事にとりかかろうとした。

そのとき、何人かの女の子が給食に手をつけずにきちんと背筋を伸ばしたままでいることに気がついた。

「おや、どうしたの。みんな食べているのに清枝さんたち、なぜ食べないの」

と、畑川先生は尋ねた。

「だって、先生が仕事をしているんだもの。

四年生のとき、先生がお箸《はし》を持たないうちは食べちゃいけないって、山田先生から教わったんです」

給食をとらずにいたほかの子供たちも、そう、そうというようにうなずいた。

「そうかい。それは凄《すご》い。山田先生は凄い教育をしていたんだな。参った、参った」

「では、お待ちどうさま。ごめん、ごめん。一緒にいただきましょう」

畑川先生はそう言うと、あらためてちょっと合掌をして、「いただきます」と頭を下げ、箸を手に取った。清枝たちも、ほっとしたように食事をとり始めた。

畑川先生は、食事をとりながら、ふと胸にこみ上げてくるものを感じた。「これは大変なことだ」とあらためて思った。山田先生は、惜しまれながらこの三月に転出していったベテラン教師である。子供たちの心の中に清々しい教訓を見事に定着させていったと感じ入った。そこまで私も伸びたい、と思った。この一年に新たな希望が湧いた。

野口語録
NOGUCHIGOROKU

どんな人と、どう出合ってきたか、それは、その人の歩みを大きく変えていくことになる。「朱に交われば赤くなる」と諺《ことわざ》は教えている。誰と出合い、何を語るのか、その選択の如何が、どれほど大きくその人の将来を変えていくことになるか、計り知れないものがある。

少年の怒りを鎮めた名句

退職間近の校長。教師への道を志すきっかけとなった五年生のときの忘れえぬ恩師の言葉を回顧して……。

担任への抗議

「なんともお恥ずかしい動機なんだよ、それが——」

と、退職を間近に控えた老練の校長は苦笑いをしながら茶をすすった。「なぜ、教師の道を選んだのか」という若い教師の問いに、校長はこう答えて、遠くに眼《め》をやりながら、

「じゃ、まあ、聞いてもらおうか」

と、校長室のソファーに腰を沈めた。つるべ落としの秋の日はとうに暮れて外は暗い。五人の若い教師たちは、少し身を乗り出した。

「五年生のときの担任はひどかったよ。ちょっとでも遅刻をしようものなら、ぐちぐち、ねちねちとしつこく怒るんだよねえ、嫌味ったらしく。——それが私にはどうも嫌でねえ。なにしろ、私は遅刻の名人だったから、しょっちゅう睨《にら》まれていたわけよ」

「それがあるとき、その担任が半日も学校に来なかったことがあった。それも組合のデモに参加していたために、教室に来られなかったというんだよ。むろん、前からわかっていたことだから、自習態勢はあらかじめ整えられてはあったんだけれどね」

「しかし――、私にはどうもそれは納得できかねることだった。五、六分の遅刻にはあんなにしつこく嫌味を言う担任が、授業をそっちのけにして大遅刻をしたんだからねえ。――それで、私は我慢ができなくなって、先生のところに抗議に行ったんだよ。――おかしいんじゃないか、とね」

担任の体罰に激昂《げっこう》

「そうすると、詫びるかと思った担任が、詫びるどころか立ち上がりざま、私をパーンとひっぱたいたんだ。『生意気なことを言うな、子供のくせに！』と言ってね」

若い教師たちは、信じられないという視線を校長の顔に注いだ。少し冷めた茶を一口すすると、校長は言葉をつないだ。

「――私は、いっそうむきになって、担任を睨み返してやったんだが、担任は『生意気なことを言ったんだから謝れ』と言うんだよ。私は『悪いのは先生じゃないですか』と返答して職員室を飛び出した」

「どうしたんですか、それから」

と、若い教師がその話の先を促す。

「私は、悔しくて、悔しくて憤懣《ふんまん》やる方なかったんだよ。そこで、クラスの仲間を誘って抗議の壁新聞を作ることにしたんだ」

「壁新聞、ですか。やりますねえ」

「すごいですねえ。五年生のときでしょ、その話は」

「校長先生も子供の頃は、なかなかのツッパリだったんですね」

若い教師が話の途中で冗談を入れて、みんなもそれにつられて笑った。校長もうなずきながら笑った。

寛なれば即ち衆を得る

「ぜひ、その続きを——先生」

と促されて、校長はまた話し始めた。

「その壁新聞を目立つ所に貼り出したものだから、この話は全校にぱあっと広がった。先生方も、他のクラスの仲間も見に来たよ。とうとう、それは親の間にも広まって、ちょっとした騒ぎになった。担任が悪いという親もいたし、私を責める親もいた。そのうちに、校長の耳にも入って、担任はいろいろと事情を聞かれたらしい。担任がいよいよ私にきつく当たるようになったから、私はおよその察しがついた。壁新聞は、一方的に担任にはがされてしまったので、私は依怙地《いこじ》になって二号めを作り始めたんだよ。私は級長だったから、応援してくれる仲間もいっぱいいたわけだ。負けるもんかと思ったよ」

「それから、私も校長先生に呼ばれたんだ。私は、私の正しさを校長先生に堂々と話した。普段の担任のいい加減さについても、不満をぶつけたよ。理のあるのは、こっちのほうだからねえ。今だって、私のほうが正しかったと思っているんだから——」

「校長先生は、先生の話したことについて、なんと言ったんですか」

いちばん若い山野教諭が、話の先を急がせるように聞いた。

「その校長先生は立派だった。私の話をうなずきながら全部聞いてくれた。そして、私の話が終わると、校長先生は私の眼を見ながら、ゆっくり静かに話してくれたよ」

○○新聞

「『ようくわかった。君が怒るのはもっともだ。私が君だったら、やっぱり君のようにしたかもしれないねえ。――ところで、中国の聖人・孔子はこう言っている』」

「そう言って校長先生は、校長室の黒板にきれいな文字で『寛《かん》なれば即《すなわ》ち衆《しゅう》を得《う》る』と書いて私に話してくれた。『寛大な心を持てば、大勢の人が自然にその人の徳を慕って集まってくるという意味だ』とね。それから、『君は、頭もいいし、正直だし、努力家だ。そういう君だからこそ話せばわかってくれると思うのだ。寛大とは、心を開いて人を許すことだ――。このたいせつな一文字は君の名前でもあるからねえ――』と」

「校長先生の話は、私の怒りをいっぺんに鎮めてくれた。私は自分の寛富《ひろとみ》という名前にもあらためて誇りを持った。そして〝こういう教育者になりたい〟と思うようになったのさ。とてもとても、今以《も》ってその足許《あしもと》にも及ばないがね――」

「寛なれば即ち衆を得る――か」。誰言うとなく呟いた。若い教師たちはそれぞれに深くうなずいた。外はいくぶん闇を濃くしたようだ。

指導力を超える子の出現

ベテラン教師の大田和子先生は、今までに全く経験のないタイプの生徒の賢三を引き受けたのだが……。

朝から罵声《ばせい》を浴びて

「うっせえっ、デブばばあっ！」

いつものこととはいえ、もう慣れっこになったとはいえ、キャリア二十年のベテラン小学校教師大田和子《おおたかずこ》にとって、これはなんとも悲しい恥辱《ちじょく》の言葉だった。

チャイムが鳴っても教室に入ろうとしない賢三《けんぞう》を、教室に入れようと優しく訓《さと》したとき、賢三の口から吐き出された言葉である。

笑顔で聞き流せはするが、そのまま廊下で遊ばせておくわけにはいかない。大田先生は優しく肩を抱いて繰り返した。

「さ、そんなことを言わないで、一緒に教室に入ろうよ、賢ちゃん」

「うっせえってんだよ、ブタばばあっ。あっちへ行けよ」

そう言いざま賢三は拳を握って大田先生の胸をど突いた。子供とはいえ、賢三は体格のいい五年生である。力まかせにど突かれた大田先生はその痛さに「ううっ」と呻《うめ》いて胸を押さえた。

「ざまあみろ。いてぇだろ。もう一発、やってやろうか」

賢三はせせら笑いながら、もう一度拳を握った。

「やめなさいっ、賢ちゃんっ!」

苦しさに耐えながら、大田先生はさすがに鋭く強く賢三をたしなめた。笑顔は消えていた。

「わかったよ、入ってやるよ。けど、おれ、勉強なんかやんねえぞ。覚えておけよ、いいか。は、はっ」

そう言いながら、賢三は教室に入っていった。大田先生は残る痛さに耐えながら、そろそろと教室に入った。

「起立っ」と、日直の明子が号令をかけ、全員の子供が起立をした。「礼!」「おはようございます」——元気な声が教室に満ち、今日の一日が始まる。「おはようございます」と、大田先生は笑顔を取り戻してみんなに挨拶をしたが、声にいつもの力がない。賢三は、何事もなかったかのように、けろりとした顔で起立をし、人一倍大きな声で元気な挨拶をした。外から見れば、ごく普通の学校のいつもの朝のスタートだ。

啖呵で脅す智恵もあり

「大田先生、お願いしますよ。あなたならできるし、あなたにしか頼めない。柔《やわ》な先生じゃ、とてもあのクラスはまとめられない。どうか、ひとつ骨を折って下さい」

校長が本当に困惑した表情で五年二組の担任を大田先生に頼んできたのは、昨年度末の三月も下旬に入ってからのことだった。大田和子は四十六歳、誠実な人柄と高い指導力とで信望があり、子供からも父母からも信頼されている。キャリアから言っても年齢から言っても、校長の懇請《こんせい》を断れる立場にはなかった。

しかし、そう簡単に引き受けられる話ではない。昨年もかなり力のある中堅男性教員がそのクラスの担任になったのだが、ついに彼も心労が重なって十一月に入院し、加療中である。やむなくその後は教頭が主となり、教務主任が補佐役となってなんとか三月まで切り抜けたというクラスである。それも、賢三という一人の特別な子供がいるためにクラスが掻《か》き回されたのだ。二年生になった頃から、賢三は全く自分勝手な言動をとり始め、年ごとにそれが度を増してきた。

目に余る行動をたしなめようと、ちょっとでも叩こうものなら、「やったな。殴ったな。そうようし、教育委員会に言ってやるぞっ。そうすりゃ、おまえなんか、クビだからな」と、いっぱしの啖呵《たんか》で凄む智恵を持っている子だった。断れる話ではないが、〝果たして自分にできるか〟と自問すれば、大田先生にその自信はなかった。〝できれば断りたい〟というのが本音だったが、そうとも言えずに担任を引き受けた。

指導力の不足なのだろうか

大田先生は、なんとかして賢三をまともな子にしたいと努力をした。何度も家を訪ねたし、二人だけでの話し合いも持ち、誕生日にはささやかながらプレゼントをしてやったりもした。賢三は、嬉しいときにはまことに子供らしい素直さでにこやかな表情を見せはするが、それはそのときだけで、勝手な振る舞いはいよいよ募るばかりなのだ。

時は容赦《ようしゃ》なく流れ、賢三と出合って早くも九か月が終わろうとしている。〝一体、賢三に対して私に何ができたと言えるのだろう〟と、大田先生は、時折自問する。そのたびに空しさだけが込み上げてくる。クラスの他の三十二人の子供のためにも、なんとかクラスをまとめ、落ち着いた授業ができるようにしなくてはいけない。そう思いつつ、願いつつ、努めつつ、一向《いっこう》にその実が上がらない。

そして、時は流れる。

大田先生は、自分の指導力の不足を嫌というほど思い知らされた。しかし、いっぽうでは一体誰があの子を指導できるのだろうかとも思う。今まで全く出合ったことがない子供だ。この頃は、そういう子が増えているとよく話題になる。校長は、「今のままでいいから、来年度もなんとか頼みますよ」と繰り返す。さて、どうしたものか、と大田先生の悩みは、深くなるばかりの今日この頃である。

野口語録
NOGUCHIGOROKU

教師は、いざという時は恥も外聞も捨てて、腹の底からの思いを、そのまま子供にぶつけるべきだ。そういうこともあっていい。そして、そういう熱い思いを失ってしまった小器用で、小利口な小手先いじりの教師になってはいけない。たぎるような熱い情熱を、火の玉のまま心の底に秘めている、そういう若々しい教師であるべきではないか。

学校に来にくかった訳

いつも元気な六年生の彰が登校していない。担任の公一先生は、仲良しの登を伴って彰を捜しに出かけるが……。

学校に来ていない！

六年生の担任の公一《こういち》は、朝の会で出欠を確認しながら、いつも元気に返事をする彰《あきら》が欠席していることを訝《いぶか》しく思った。

「おかしいなあ。昨日は元気だったのにねえ――」

と言うと、みんながうなずいた。念のためにと公一は彰の家に電話をかけてびっくりした。「いつもの時刻に家を出ました」と母親が言ったからである。公一は、直ちにその旨を校長に伝えてから教室に戻り、事の次第を子供たちに話した後で、

「捜しに行くので自習をしていなさい」

と指示した。このとき、彰の隣の席の美佳《みか》が顔を曇らせたのを公一は見た。ちょっと気にはなったが、彰と仲良しの登《のぼる》を伴うと急いで教室を出た。登は、毎日一緒に通学するコースを逆に辿《たど》ってみるのがいいと言い、公一はそれに従うことにした。彰の母親は家から学校へのコースを辿って捜し、途中で双方が落ち合う約束にした。

彰と登は、バスと電車を乗り継いで通学しているが、家を出ているとすれば、バスを降

りて電車に乗り換えるA駅の周辺にしかいる所はないはずだ、と登は言う。A駅の近くなら、なるほど居場所はいくらでもあるような気がした。

いた、いた！

携帯電話など、全くこの世の中になかった頃の話である。

電車はまもなくA駅に着いた。公一は登と手分けして駅の構内を一巡したが、彰の姿はどこにもなかった。時刻はすでに九時を回っている。小学生が一人でぶらぶらしていれば、誰かに怪しまれて、声をかけられる時刻である。

二人は改札を出ると駅前に出た。ウィークデーのこんな時刻に駅前の様子など見ることもない公一は、人通りの多さに少し驚いた。同時に、〝見つかるだろうか〟という不安が脳裏をかすめた。

「先生、たぶんデパートが開くのを待ってるんだと思います」

と、登が言った。捜す場所に当てがあるわけではなかったので、公一は「なるほど——」と呟いて、それに従うことにした。とは言っても、デパートの入口は三つもある。ここでも手分けして二人は別れた。公一は見当をつけて、いちばん小さな東口に行くことにした。

シャッターの下りた寒々とした人気のない入口に、うずくまるようにしてしゃがみこんでいる彰を見つけた公一は、その寂しげな様子にはっと胸を打たれた。公一は、とにかく彰が無事に見つかったのに安堵《あんど》し、どう声をかけたものかと、しばし沈黙した。

そのとき、「先生！」と、彰の母親が小走りに近づいてきた。公一は笑顔で応えると、黙って彰がいる方向を指さした。「いましたよ」と仕草で知らせたのである。彰を認めた母親は、「すみません！」と詫びながら早くも涙ぐんだ顔を紅潮させ、「彰！　あんた、どうして――」と言いざま、顔を覆《おお》った。

頑張った宿題

公一は、すぐに学校に電話をし、無事見つかった旨を伝えた。母親には安心して帰宅するようにと話し、登と彰を伴って学校に戻ることにした。彰は終始肩をすぼめて小さくなっていたが、とにかく無事であったから、公一はほっとしていた。身を縮めている彰を見ると、どんな事情があったにせよ、今それらを尋ねることは酷《こく》のように思われて、公一は努めて明るい冗談などを口にしながら学校に向かった。

心配をしていた学校の職員に事の次第を簡単に告げ、二人を伴って公一は教室に入った。みんなが「おおっ！」というような声を上げ、やがてそれが拍手に変わった。

「とにかく、彰君は無事ここにいる。なによりだった。学校に来にくくなったのは、どうやら宿題をやっていなかったかららしい」

公一がそう伝えると、くすくすという笑いが漏れた。宿題の件は電話をした折に母親から、

「昨晩遅くまで、宿題がたまっちゃったから――、と言って珍しく頑張っていましたが、やりきれなかったと今朝ちょっと出がけに話していました――」

ということを聞いていたので公一が話したものである。彰は、身を縮めるようにして美佳の隣に座っている。その横で美佳がいっそう表情を固くしているのが公一にはちょっと気がかりだったが、空白を取り戻すべく、すぐに授業に入ったのだった。

班長が恐くて

休み時間になるとすぐに、美佳が公一の所に来た。涙ぐんでいる。

「先生、すみません——」と言ったかと思うと、美佳はわっと声を上げて泣き出し、そのまましばらくしゃくり上げて泣いた。公一には、なんのことかわからず、美佳の肩を優しく抱いてやるしかなかった。

ようやく興奮が治まって美佳の語ったところによると——、彰は呑気者《のんきもの》で班単位で決めた課題をほとんどやってこない。そのために、班長会議では美佳の班がいつも仕事の遅れを指摘され、恥をかいていた。

思い余って昨日かなりきつく彰を責め、「必ずやってきてよ。やってこなかったら許さないからね」と言ったそうだ。

美佳も本気、彰も本気になった結果が招いた一件だった。

カッターナイフと校門閉鎖

事件防止から、学校への刃物持ち込みを禁止する知らせに、生徒の鈴山の発言が波紋を投げかける……。

カッターの持ち込み禁止

「すでにテレビや新聞を見て承知のことだろうけれど――」

と、担任の大川浩三《おおかわこうぞう》教諭が朝の話し合いの時間に切り出した。話は、小学校六年生の女児が同級生をカッターナイフで殺害した事件に触れて、要するに今後学校には刃物を持って来ることを禁止する、という知らせだった。

「全く、考えもしない大変な事件が起こったものだ。小学生の女の子が、友だちの女の子を殺すなんて――」

と、大川は憤懣《ふんまん》やる方ない面持《おもも》ちで呟いた。子供たちも、さすがに神妙な表情でこれを受け止めた。

話は、それで終わるかに見えたが、頭のキレの良さで知られている鈴山《すずやま》が手を挙げて、こんなことを言った。

「ちょっと伺いますが、大川先生は、僕らのクラスでも同じようなことが起こると思いますか」

この問いに、クラスの視線は一斉に鈴山に集まった。そして、すぐにその視線は、担任の大川に注がれた。六年生の教室の中がピンと張りつめたような雰囲気になった。

「冗談じゃない。そんなことは絶対に起こらないだろう。少なくとも、先生はそう思っているよ」

と、大川は余裕たっぷりに笑顔で答えた。クラスの全員が、ほっとしたようにうなずいた。

禁止をしなくたって――

「それなら、先生――」

と、鈴山はまた手を挙げて立ち上がると、ゆっくり話し始めた。

「僕たちは、みんな大川先生に教わっています。だから、どこかの学校のような馬鹿な事件を起こす心配はないですよ。今だって、小さいカッターナイフはみんな筆箱の中に入れているでしょ。それで鉛筆の芯をとがらせたり、糸を切ったり、紙を切ったりしているわけですよね」

鈴山の言うことはもっともなことだったので、クラスの仲間はなるほどという面持ちで誰もがうなずいた。大川もまた、うん、うんと相槌《あいづち》を打った。鈴山は少し早口になって、

「だから先生、僕はカッターナイフについては特に禁止するんじゃなくて、心配ないなら今までどおりのほうがいいと思うんです。どうでしょうか」

と言った。二、三人の子供が拍手をすると、つられたようにさらに四、五人の子供が手を叩いた。

大川はうなずいてから、

「鈴山君の言うことはよくわかった。むやみに禁ずるというのは、君たちを容疑者扱いすることにもなる――のかもしれない。しか

し、ここではこれ以上時間はとらないことにしよう。休み時間などに君たちでいろいろ話し合ってごらん」

と、話に区切りをつけ、一時間めの国語の準備を促した。

大丈夫よ、私たちは!

休み時間になると、当然のように鈴山の発言が話題になった。大川の言うように「禁止が当然」と言う子もたくさんいたが、律子や弘美は鈴山の発言を支持した。律子は、集まってきた五、六人の輪の中で、手ぶりを加えながら、

「こういうことがあると、学校はすぐ禁止をするんだけど、禁止なんかしなくたって、私たちはそんなとんでもない悪いことしないわよ」

と、胸を張った。弘美も負けずに、

「賛成だわ。ほら、大阪の小学校に変な人が侵入して、一年生の子供を殺したことがあったでしょ。そうしたら、すぐにこんな田舎の学校でも校門を閉めたでしょ。あれだって、本当は変だよね——」

と言い、それを受けて直美も、

「こんな平和な田舎町に、小学生を殺しに学校に来る人なんていっこないよね。『学校の門が閉まっていると、なんだか寂しい』って、うちの母さんも言ってたわ」

と話した。男の子たちも、わいわいと話し合っている。鈴山の発言は、思いがけない反響を呼んだようだ。

禁止をしない方向で——

このことは、大川の報告で職員会議でも話題になった。

「大したもんですねえ、鈴山君の考え方は今の大人社会を見事に批判していますよ。確かに学校は、事件が起こるたびに禁止、禁止という安易な対応しかしてませんよね」

と言ったのは、特別活動主任の花田正子教諭だった。道徳主任の水野教諭も同感、同感という表情で、

「この際、子供を信頼して、カッターについては今までどおりにしたらどうでしょう。そして、絶対にそんなことはしない判断力を持った子供に、私たちで教育していきましょうよ。それが教育の本来のあり方ですもの」

と発言した。

「でも——」

と、口ごもるようにして上席の春田満津子が発言をした。

「万が一、ということも考えないとねぇ。〝絶対〟ってことはないから——」

この発言にも、うなずく者が多かった。校長の小山明は、職員会議のこれらの発言を頼もしく思った。たいせつなところに職員の眼《め》が向いていると思い、自戒《じかい》を込めて話を結んだ。

「子供を信じ、地域を信ずる。教育はその前提なくしては成立しない。カッターの禁止も閉門も解く方向で考えてみたい。前向きに——」

校長の発言に拍手をした者がある。大川だ。大川の拍手は、さらに何人かの拍手を促すことになった。

誕生会の教訓

生徒が率先して担任の先生の誕生会を開いた。賑やかに執り行われたのだが、担任の本当の気持ちは……。

先生の誕生祝いの会を

「二月の誕生会は、倍の時間をかけさせて下さい。みんなの意見で、先生の誕生もお祝いしたいからです」

六年二組の学級委員長の芳子《よしこ》がにこにこしながら担任に申し出てきた。担任は顔をほころばせて言った。

「それは有り難い。じゃあ、そうしよう。楽しみだ」

芳子は「わあい！」と両手を挙げて小走りに去った。

芳子はクラスに帰り、早速実行委員会を組織し、二月の誕生会の企画を練り始めた。委員の吾郎が「先生に一切内緒で、自分たちだけで企画しよう。そのほうが先生を楽しませることになるだろうから」と提案し、委員はみんな賛成した。

「それなら、各班の出し物も、お互いに秘密にしたほうがいいよ。そうすれば、みんなが楽しみになるから」

「お世話になっている先生の誕生会でもあるんだから、一人一品、プレゼントを持ち寄ったらどうかしら」

「いいねぇ、そうしよう。でも、一応金額の上限は抑えたらどうだろう。あんまり違ってもまずいんじゃないか」

「それもそうだけど、お金を使わなくたっていいんだよ。何か手づくりの品物だっていいし、家にあるものだっていいんじゃないの」

「じゃあ、まあ二百円以内ぐらいに抑えたらどうかな」

相談は、わいわいと賑やかな話し合いのうちに進められ、それぞれが思い思いにこの誕生会を盛り上げることになった。

それからの半月ほどは、教室の中や外で、班ごとの相談や練習が進み、クラスはいつもより明るい雰囲気になった。

盛り上がった誕生会

いよいよ、その日が来た。授業時間をやりくりして三時間目と四時間目を使って開かれるスペシャル誕生会に、どの子も沸き立っていた。芳子の挨拶も行き届いていた。

歌があったり、寸劇があったり、手品があったり、クイズがあったり、モノマネがあったりした。それぞれの班なりの工夫や意気込みがあり、演じられるたびに子供たちは明るく、笑い、興《きょう》じ、楽しんだ。担任も、時々班の仲間に引き入れられては小さな役を演じ、それがまた子供たちの喜びを増した。だが、担任は、なんとなく心からは興じかねていた。軽い、薄い、落ち着かない、明るすぎる。何かが抜けている――。

孝二の班の出し物は、秘密めいていて前人

気が高かった。盛大な拍手の中を孝二が進み出て、一礼すると言った。

「皆さん、先生のご先祖はどんな方だったと思いますか。——これから、それをお教えしましょう」

「先生、どうぞお進み下さい。そして、目を閉じて下さい」

担任は、にこにこしながら進み出て言われるとおりにした。茶碗らしき物を左手に持たされ、右手の指を糸底に導かれた。そこを撫《な》でるようにと命じられ、次に茶碗の中にその指を入れて下さいと言われた。ぬるりとした液体に指が触れた。

「そうしたら、左の頬《ほお》を撫でて下さい。それから、もう一度茶碗の中に指を入れて、今度は右の頬を撫でて下さい」

担任は、目を閉じたまま言われるとおりにした。弾けるような笑いが起こった。右の頬を撫でると笑いはさらに高まった。その大笑いの中で、孝二たちが口を揃えて言った。

「先生のご先祖は、なんと皆さん、お化けでした！」

どっと笑いが弾けて、拍手が湧き、目を開いた担任の前に鏡が向けられた。鏡には、黒斑《まだら》の担任の笑い顔があった。

会は順調に盛り上がり、子供たち全員からのプレゼントが担任に贈られ、スペシャル誕生会は幕を閉じた。それぞれの心のこもったプレゼントは担任を喜ばせたが、中にいくつか、がらくた同然の物もあって孝二を戸惑わせた。

その夜、担任は釈然としない小さなしこりを胸に覚えた。明日、にこやかにお礼を言うべきか、それとも、無邪気な無知と非礼を訓《くん》戒《かい》すべきか、逡巡《しゅんじゅん》の末、彼は肚を決めて寝た。

担任の訓戒

「昨日は、私の誕生を祝った楽しい会を有り難う」

教室の子供たちは、みんなにこやかに担任の言葉を受けた。

「ところで、かなり迷いはしたのだが、間もなく中学生になる君たちだから、担任としてやはり言っておくべきだと思ったことがある」

僅《わず》かの沈黙の時が流れ、教室の動きが止まった。

「――君たちの好意には感謝している。しかし、昨日の誕生会は、果たして私への感謝とお祝いの会であったのであろうか――」

教室の空気が冷えた。芳子はまっすぐ担任の顔を見つめた。

「楽しいのはいいことだ。だが、祝おうとする相手に、あのように対することは適切なのだろうか。お祝いをし、感謝を伝えるには、それなりの礼儀が必要ではないかな?」

担任は、静かにゆっくりと、全員を見つめながら話した。孝二が身を固くした。芳子の頬に涙が流れた。

「責めているのではない。気づいてもらいたいのだ」

と担任は呟いた。孝二同様の気がかりを感じていた者もあったのであろう。教室の中にいくつかのうなずきが見られた。

真っ白な包帯

担任の正次先生は、喫煙を注意した女子生徒に手首を噛まれてしまうが、その原因を追及され……。

女子トイレで喫煙を発見

とうに時計は零時《れいじ》を回っている。眠らなければと正次《しょうじ》は思うのだが、そう思えば思うほど眠りに入れないのだ。あくびも出ている。眠さのために涙さえ滲《にじ》むのに、やはり心は昂《たか》ぶってくるのだ。「悪夢だった――」と思う。

ここ二、三日の間の出来事が正次を嘲《あざわら》うかのように何十回となく心をいたぶるのである。

「あのときに、あれ以外の方法が果たしてとれたのだろうか――」

幾度も同じ問いを自分に向けてみる。そのたびに、「あれしかなかった」と同じ答えに落ち着いてしまう。そうだったら、俺は間違ってはいない。それなのに、話は逆に進んでいる――。

*

その日、正次が勤める中学校の女子トイレのドアの前で、三人の女生徒がドアにもたれて喋っていた。髪を赤く染め、眉を細く剃《そ》り、薄い口紅をつけた問題のツッパリグループだ。生徒指導主任の正次は、なんとなくピンとくるものがあってゆっくりと三人に近づいた。

「なんの用、先生。ここは女子トイレだよ。来ないでよ」

「さわぐよ。先生、エッチだあ、って」

峰子と早代江《さよえ》が険《けわ》しい眼《め》つきで正次に挑むように言った。正次は、にこにこしながら構わず女子トイレに入った。すぐに煙草の匂いが鼻についた。見過ごすわけにはいかない。

正次は、優しい調子でトイレの中の子に話しかけた。中にいるのは、まず佳代に間違いないだろう。

「佳代くんだろう。戸を開けてくれないか」

コツコツとノックをしながら、もう一度繰り返した。

「やめなよ、先生。佳代は用を足してんだよ。失礼だよ」

凄むような口調で、峰子が先制攻撃をかけてくる。中では煙草をもみ消したらしい。正次には、その察しがついた。

三度目のノックをしたときだった。「わかったよォ」と、中から佳代のふてくされた声が聞こえて、トイレのドアが開かれた。煙草の匂いがちょっと強くなった。しかし、佳代は立ったままでトイレから出てはこなかった。

「出てきなさい」

と、正次はややきつい調子で佳代に命じた。それでも佳代は出てこようとはしない。眼つきに反抗の色が見える。

煙草を吸っていたのは明らかだ。立ち番の三人も含めて指導をしなければならない。佳代のスカートのポケットには煙草が入っているに違いない。それも調べなくてはいけない。正次は、少し語気を強めてもう一度「出なさい」と命じた。佳代は動こうとしない。挑むような薄笑いを浮かべて——。

〝仕方がない〟。正次も、笑みを浮かべながら、しかし左手でがっちりと佳代の手首を掴《つか》んでゆっくりと外に引いた。そのとき、佳代は掴まれた右手首を強く自分の口許に引きつけるや、正次の手にがぶりと噛みついた。

「うっ!」と痛みをこらえるのと、「何をするんだっ!」と言いざま、噛みついている佳代の頭を右の掌《てのひら》で正次が叩いたのが、ほとんど同時だった。

佳代は、正次の手の甲から口を離したが、そこには痛々しく佳代の歯形が残った。やがて、手の甲に歯形のとおりにうっすらと血が滲《にじ》んだ。あっという間の出来事だった。

四人のツッパリも正次の見幕《けんまく》にたじろいだのか、あとはおとなしく生徒指導室に入った。三人が見張り役になり、一人ずつトイレに入って、交替でこっそりと喫煙をしていたことを案外素直に四人は認めた。煙草を取り上げ、以後は絶対に喫煙はしないと約束させ、一応の指導を終えたのだった。四人は、さすがに神妙な表情で部屋を出たが、佳代から謝罪の言葉はついになかった。

法律に反する体罰

事の顚末を伝えると校長は、とにかくそれは「体罰」を与えたことになるから、事の次第の報告かたがた親への謝罪訪問はしたほうがいい、と言った。正次は、とりあえず時間休暇をとって医院に行った。全治十日の咬《こう》傷《しょう》という診断だった。治療を受けた後、薬を塗って包帯を巻かれたのだが、真っ白な包帯が正次には大仰《おおぎょう》に映った。

夜になって正次は佳代の家を訪問し、両親に事の次第を告げ、佳代の頭を叩いたことを謝罪したが、佳代から大筋の話を聞いていたらしい両親の表情は固かった。

佳代の不始末についての謝罪の言葉はあったものの、それは全く型どおりで、両親は正次の「体罰」にねちねちとこだわった。

「後できちんとした話にしましょう」

というのが、その晩の父親の脅《おど》しめいた最後の言葉だった。

正次は重い足どりで帰宅した。真っ白な包帯が夜目にもはっきりと浮き立って見える。

話は校長から教育委員会へと佳代の父親によって持ち込まれ、翌日の午後、正次は教育委員会から呼ばれた。

「体罰には違いない。これは、教師の側の法律違反である。相応の処分は免れまい」

というのが教育委員会の見解であった。肩を落として学校に戻った正次の姿を見る中学生の視線が昨日までとは少し違うように正次には感じられた。

＊

「あのとき、あれ以外の方法がとれたのだろうか」

正次は寝返りを打って呟いた。時計は一時半を回っていた。

第二章のまとめ
素直さが一番

学校で用いる「生徒指導」という言葉は、一般に、「教科指導」や「授業」と対置され、「道徳性、生活態度、生活習慣」などを指して用いられます。「生徒指導に追われて授業研究ができない」とか「生徒指導だけで疲れてしまう」などというように使われています。

子供の教育が、単に教科の学力さえつければそれでよいということなら、さして教育は難しいことではありません。しかし、実は子供の物の考え方や生活態度を正常にしたそのうえに学力形成は成り立つのです。生活の心構えや態度が荒れていれば、学力は決して高まりません。逆に、生活習慣がきちんとしているような子供は先生の話や教えを素直に受け止めますから、確実に学力を伸ばすことができます。その意味で「生徒指導」は、とてもたいせつな教育の一分野なのです。

ところが、子供の人権や個人の考え方などが、過度に尊重され、価値観の多様化などという考え方が広まってくると、生徒指導はだんだんしにくくなってきます。教師の考え方や指導が、必ずしも親や子供に素直に受け入れられるとは限らないからです。

幼い頃の子供は、親や教師の言うことを素直に受け入れていますが、成長とともに子供なりの理屈や考え方も育ってきます。親や教師の指導や考え方に批判的になったり、反抗的になったりしてきます。一面それは自然な成長の姿とも捉えられはしますが、反面では心配であり、残念なことだとも考えられます。せっかくの教育的な働きかけも、反抗の前にはなんの価値も生まず、その子の成長の足しにならなくなってしまうからです。

私は、あるとき、尊敬する大先輩に「伸びる人間と、伸びない人間の違いはどこにあるのでしょうか」と尋ねたことがあります。すると、先輩は言下に答えてくれました。「それは素直さだ」――と。素直な人は伸び、素直でない人は伸びない、と言うのです。

これは、私にとって忘れられない深い教訓となって今も生きています。時が過ぎれば過ぎるほどに「本当にそのとおりだ」と思うのです。素直の反対は「傲慢《ごうまん》」ということでしょうか。自己評価が高すぎるために、他の人や立場の考えを軽んじ、蔑《ないがし》ろにするのが「傲慢」です。そういう人には、どんなに価値のある言葉も受け入れられません。役に立ちません。うなずかれません。

この第二章に掲げたいくつかの話は、先生と生徒とのかかわり方を考え合ううえにきっと役立つことでしょう。「食事どきのしつけ」「少年の怒りを鎮めた名句」の二話は、教師の指導の言葉が子供に素直に受け止められ、そのことによって子供が大きく成長していった事例です。

反対に「指導力を超える子の出現」や「真っ白な包帯」の二話は、教師の言葉に耳を傾けようとしない、問題のある子供の事例です。どうして、こんな子供たちが出現してしまったのでしょうか。そして、さらにこういう子供たちには今後どんな教育をしていけばよいのでしょうか。「生徒指導」という問題は、決して容易なことではありません。また、学校と教師の力だけで解決ができるというものでもありません。私は「解決」の鍵の一つが「平等」という言葉の功罪の吟味《ぎんみ》にあるのではないか、と考えています。人は皆本当に平等であるべきなのでしょうか。皆さんの子育ての話題の一つに加えて検討してみて下さい。

第三章

子供の挑戦、大人の出番

第三章の序

善は伸ばし、悪は矯《た》める

子供という存在は、一人前の人間ではなく、未完、未熟、そして知識も経験も不足している存在だ、というのが私の基本的な子供観です。残念ながら、こういう考え方は、今は受け入れられ難い時代です。時代遅れの古臭い子供観だと斥《しりぞ》けられがちなのです。

しかし、このような時代の風潮、思潮が本当に妥当、適切と言えるのでしょうか。私はかなり疑問に思うのです。この考え方を肯定すると、子供は無知、未熟のままで長じ、世に出ることになります。しかし、世の中の現実は、未熟な子供たちが想像しているほど甘くはありません。程なくその子供らは社会という現実から疎《うと》まれたり、斥けられたり、拒まれたりすることは間違いありません。そして、それが子供にとって幸福になることなど決してありはしないのです。世間や組織や伝統から締め出された未完、未熟のアダルト・チルドレンが辿《たど》るであろうその先の不幸な道すじが、私には手にとるようによくわかります。

親や教師の本当の役目は、子供たちに健全な人間としての常識を授け、伝統を重んじ、誰からも愛されるように振る舞える行動力を身につけてやることです。たいせつなことは、無知でわがままな子供を育てることではなく、善を勧め悪を懲《こ》らしめ、人間として望ましい生き方ができるように導いてやることです。子供らがそのようにして長じたならば、親や教師はどんなにか子供らの行く先が楽しみになることでしょう。「プール嫌いの秘密」は、子供を愛する親の楽しみが、子供の逞《たくま》しい成長を阻むという皮肉な結果を生んでしまった例ですが、こういうタイプの子育ては、かなりの範囲で見られるのではないでしょうか。

反対に「休耕田のざりがに釣り」に登場する教頭先生は、今どきでは少ない考え方の持ち主です。「かわいい子には旅をさせよ」という諺や「貧乏は買ってでもさせよ」などという諺は、この豊かな時代に暮らす大人の我々に、きわめて示唆《しさ》に富む「頂門《ちょうもん》の一《いっ》針《しん》」となるのではないでしょうか。「折り紙教室」や「バナナの早食い」の話に登場する子供らも、そのままにしておいたらどんな大人に育つのか、じっくり考えてみたいところです。

休耕田のざりがに釣り

かつての田圃でざりがに釣りに興じる生徒たち。水が張っていて危ないと指摘する住民の声に、学校側は……。

善意の苦情電話

「直接現場に行ってみるしかないなぁ」と、教頭は受話器を置くと呟いた。やれやれ、とも思った。

「教頭先生、代わって下さい。なんだかややっこしそうな話ですよ」と、事務員が受話器の口を左の掌で覆いながら伝えたときから、

〃また、苦情だな――〃と教頭は思ったのだった。

案《あん》の定《じょう》、その電話は住民からの苦情だった。住まいの後ろに長い間休耕《きゅうこう》のままになっている田圃《たんぼ》がある。今では小さな沼のように水が溜まり、そこに毎日のように子供たちが遊びにやってくる。ざりがにを獲《と》っているらしいのだが、そこには空き缶や空きビンやいろいろなごみが捨てられていて危険である。溜まっている水も汚く、第一、不潔である。子供たちが怪我でもしたら、とんだことになるかもしれない。あそこでは遊ばないように学校で禁止をしたほうがよくはないか、というものだった。

この手の申し入れは珍しいことではない。

住民として子供の安全を考えての、それは好意的な申し入れである。こういう話は一手に教頭が引き受けることになる。教頭の本務は「校長の補佐」である。校長の持つ任務の一切を教頭が負い、校長は安心してすべてを教頭に任せられる、という教頭が理想なのだ、と先輩から教わった。彼は、忠実にその言葉を守って今日までやってきた。

　校長に電話の大要を伝え、「とにかく現地に行ってみたいと思います」と教頭は言った。「そうだね」と校長は穏やかに言い、「頼むよ」とつけ加えた。

不潔と危険は、子供の魅力

　油の切れたチェーンが苦しそうな音を立てる学校の自転車を漕《こ》ぎながら、教頭は思った。善意には違いないのだが、安全ということを考え、口にする親切な大人たちによって、子供らの遊び場がだんだん奪われ、狭《せば》められていく。もう少し、おおらかに子供に任せておいたらどうだろう。子供だって、相応に身の安全ということは考えて遊んでいることだろうに——。

　程なく現地に着いた。「あ、教頭先生だ」「先生、見て、見て。こんなに大きいのぼく釣ったんだよ」「ぼくさあ、この間ここで二十三匹もつかまえたんだよ」「私のも見て、先生。このでっかいのはね、一緒に子供を連れてかかってきちゃったんだよ」

　わいわい、わいわいと口々に喋る子供たちに囲まれて、教頭は嬉しくなった。みんな長靴を履いている。沼のようになった泥田にずぶずぶと入って、今もじっとざりがにのかかるのを待っている子もいる。一年生から六年生ぐらいまでの男の子、女の子が七、八人、まことに楽しそうである。

教頭はいつしか自分の子供の頃を、この光景に重ねていた。そこには、幼い頃の自分がいた。近くの池でざりがにを釣った思い出だ。岩夫ちゃんも、計ちゃんも、幸ちゃんもいた。楽しい笑顔とともに一人ひとりの声までが甦《よみがえ》ってくる。どの子もどの子もみんな生き生きとしていた。それは戦後の貧しい時代のことだったが、子供たちの楽しみはそんな暗さを吹きとばしていた。

ふと、我《われ》に返った教頭は、子供らのこの遊び場をそっとしておいてやりたいと思った。

「楽しそうだなあ。いい所だ。怪我をしないように気をつけて遊べよ」と言うと、子供たちは「はーい」と口々に元気な声を返してきた。教頭は、チェーンの音をきしませながら、学校に向かった。

禁止をしないたいせつさ

「行ってまいりました、校長先生」と言うと、「ご苦労さん、どうだったかね」と校長は尋ねた。「校長先生、あそこは最高の遊び場です。私は、あのまんまにしておくのが子供たちのためだと思います。禁止なんか、しないほうがいいと思いますよ」。教頭はそう報告してからつけ加えた。

「禁止するのは簡単ですが、子供たちもそれなりに気をつけて遊んでいます。あそこは確かに不潔です。また、びんや缶も落ちています。しかし、子供ってのは、ああいう所が大好きなんですよね。いくぶんかの危険と不

潔が同居している所に、こわごわ、そっと近づいていく。そういう冒険を通じて、少しずつ安全な身の処し方を子供らは学んでいくのだと思います」

「そのうえに校長先生、あそこにはざりがにという獲物があります。それも、釣れたり釣れなかったりというリスクがあります。これがまためっぽう、子供たちにとっては魅力なんですよねえ。つまり、あそこには子供たちの遊び場として、願ってもない最高の条件がみんな揃っているんです。気をつけて遊べとだけは言ってきました。それで十分だと私は思います。禁止の立て札なんか立てるのはやめましょう、子供たちがかわいそうですから」

「そうだね。じゃ、そうしようか」と、校長も鷹揚《おうよう》に答えてにっこりした。

「有り難うございます」と教頭も肩の荷を下ろした。やりとりを聞いていた事務員も「よかったですね」とにっこりした。

野口語録
NOGUCHIGOROKU

現代っ子がおしなべてむしばまれているところの「耐性虚弱症」は、必ず治療可能である。子供はもともと逞しく、健康で生命力に満ちている存在である。過保護、過管理、過干渉をやめ、子供自体が具有している天与の生命力を伸ばしてさえやればよいのである。

プール嫌いの秘密

プール開きの知らせに、浮かぬ顔の一年生・恭一郎。その彼をプールになんとか親しませようと亘先生は……。

プールが始まります

亘《わたる》は、小学校の教員になって十三年めに初めて一年生を担任することになった。男子教員は、経験を重ねるほどに高学年の担任に固定されるのが一般であるが、亘はなんとしても、低学年を一度は経験したいと以前から考えていたので、一年生の担任と決まったときにはとても喜んだ。白紙に文字や絵を書き入れていくように、新鮮な気持ちで子供たちと過ごせる毎日が楽しかった。

梅雨《つゆ》明けも間近いある日、元気な子供たちを喜ばせようと、亘は、

「今日は、とても嬉しいことをお話しするよ」

と言った。子供たちは眼《め》を輝かせた。口々に早く教えて、とせがむ。

「七月に入ると、プールが始まりまーす」

と亘が言うと、子供たちは、

「わあい、わあい！」

と歓声を上げた。椅子の上に立ち上がって両手を挙げる子もいる。どの子もプールが大好きらしく、教室はひとしきり賑やかになった。亘は満足した。

ところが、一人だけ浮かない顔をしてちっ

とも喜ばない子がいる。恭一郎《きょういちろう》である。亘はそのことがちょっと心に引っかかったが、そこでは見て見ないふりをした。やがてみんなと一緒に慣れっこになって、プールを楽しむことになるだろうと思ったし、せっかくはしゃいでいる雰囲気をそぎたくはなかったからでもある。教室は間もなく一時間めの算数の授業に入った。

わ あい！ プールだ

公立の小学校なのに、贅沢にもこの学校には低学年用の浅い楕円形のプールが作られてあった。一年生のちびっ子たちは、準備体操がすみ、体に少しずつ水をかけ、やがて体が水に慣れてくると、歓声を上げながら、プールの中ではしゃぎ回った。

目をぎゅっとつぶって水をやたらにあたりに引っかける子、後ろ向きになって両手で相手かまわず水を引っかける子、逃げる子、追いかける子。それは、見るからに子供の楽園だった。

そんな中で、プールの脇に立ったままブルブル体をふるわせながら唇を青くしている一人の子供がいる。恭一郎だ。こういう子供にプールを楽しませるには、どうしたらいいのだろう。一年生の段階では、特にその初期指導がたいせつになる。

「おいで、恭一郎君。先生と一緒にプールに入ろうよ」

と亘が体を抱えようとすると、恭一郎は体をこわばらせ、強く頭を横に振り、数歩飛び退《の》いた。そのあまりに強い拒絶に亘は異様なものを感じた。これはよほど慎重にしないといけないぞと思った。

嫌だ！ プールは――

いきなり恭一郎をプールに入れようとしても無理だと悟った亘は、これならばという一策を案じた。亘は洗面器をプールに持ち込んで、まずは洗面器の水に顔をつけるところから恭一郎に水慣れをさせようと思ったのである。洗面器なら溺《おぼ》れる心配はない。これならきっとうまくいくだろう、と亘はにんまりした。

子供たちはみんなプールではしゃぎまわっている。あの楽しさを間もなく恭一郎にも味わわせてやれるぞ、と亘は思った。洗面器に水を入れ、亘はそれに自分の顔をつけながら、恭一郎に一つ、二つ、三つと声を出して数を数えさせた。恭一郎が「四十ッ」と言ったとき、亘は顔を上げた。

「ね、恭一郎君。人間は、このくらい息をとめて水に顔をつけていたって平気なんだよ」

と、亘は恭一郎に話し、「今度は恭一郎君がやってごらんよ」と促した。うなずいた恭一郎は、洗面器に顔を近づけはしたのだが、水につけるかつけないかのうちに、ぱっと顔を上げてしまった。何度試みさせても同じなのだ。亘は少しいらいらしてきた。そこで、恭一郎が洗面器の水に顔を近づけたとき、上から掌《てのひら》で恭一郎の頭を押さえてみた。

とたんに恭一郎は、信じ難い強さで亘の手を払いのけるや、半狂乱のような大声で泣きわめいた。その大声に、子供たちはプールから飛び出して恭一郎を遠巻きにした。亘は呆《あっ》気《け》にとられた。これは、一体どうしたというのだろう。

これで解決するだろう

これならばという一策が無残な失敗に終わった亘は、肩を落とした。異常としか思えない。水アレルギー症という病気でもあるのだろうか。とても信じられない水への恐怖心である。

このままの状態で、プール指導を終えるわけにはいかない。亘は思いあまって家庭訪問をしてみることにした。

恭一郎は、裕福な家庭で育てられている。「お父さま、お母さま」という言葉にもそれが表れている。裕福な家庭にふさわしい上品な物腰の恭一郎の母親は、亘からプールの顛末を聞き終えると、ぽっと顔を赤く染め、恐縮して語った。

「――それは、私のせいですわ。今でもあの子は毎朝蒸《む》しタオルで顔を拭いていますし、お風呂では私が抱くようにして髪の毛を洗っています。水で顔を洗わせたことも、自分で髪を洗わせたこともないんですの。だから水が怖いんでしょう」

続けて母親が言った。

「先生、顔も髪も自分で洗えるように教育します。私の過保護があの子を弱くしていたのですね」

亘は霧が晴れたような気がした。原因がわかれば解決の方法も見えてくるからだ。やがて恭一郎もプールを楽しむようになることだろう。

Case 19

先生、カンニングだ！

生徒に信望の厚い山畑先生の公開研究会の当日。快調に進行していた授業だったが、ある子供が……。

大勢の先生が入った教室

大脇小学校三年二組の教室にはびっしりと熱心な先生方が詰めかけて、山畑健造《やまはたけんぞう》先生の授業を見ていた。教室の子供たちは、机と机を寄せ合うようにして小さく固まり、参会の先生方に少しでもゆったり見てもらおうという心配りが見られた。これもきっと山畑先生の配慮によるものだろう。

山畑先生は三十歳になったばかりだが、その授業は少しずつ県下の先生方の間に知られ始めていた。明るく、楽しく、しかもみっちりと子供を鍛えて学力を伸ばすという、わかりやすい授業をいつも見せてくれていたからである。大脇小学校の公開研究会は十年も続けられており、毎年七月の第一金曜日が当てられていた。

その日はかなり暑い上天気で、参観の先生方の中にはノートやハンカチで顔に風を送る姿も見られるほどだった。額に汗を浮かべている子供たちも見られた。

順調に進んだ授業

評判のとおり、山畑先生の授業は明るく、楽しく、順調に進んでいった。普段の学級づくりが、よくなされている故だろう、子供たちはきちんと背筋を伸ばして腰かけ、挙手《きょしゅ》をするときの腕はみんな指先までぴんとまっすぐに伸びていて、見ていて気持ちがいい。

発言は「ゆっくり、はっきり」という山畑先生の日頃のしつけが行き届いていて、どの子の言うことも参観者によく聞きとれた。

「お父さん、お母さんという言い方は丁寧《ていねい》な言い方ですね。こういう丁寧な言葉づかいを敬語というんですよ」

山畑先生は、そう言いながら、黒板に大きく、ゆっくり「敬語」という文字をチョークで書いた。子供たちもノートにそれを写し始めたが、漢字で書く子もいたし、平仮名で書く子もいた。これが山畑先生の教育法だ。学年配当表にない漢字でもどんどん黒板に書いていく。それによって、子供たちは新しい漢字をどんどん読めるようになっていくのだそうだ。ただし、ノートに書く場合は無理に漢字で書く必要はないと教えているらしい。

「では、父、母、というのは尊敬語だろうか。尊敬語だと思う人はノートに○を、違うと思う人は×を書いてごらん」

山畑先生の指示で子供はすぐに全員がノートに○や×を書き始めた。「まだ書いていない人はいるかな」と問うと、誰も手を挙げない。「よし、では○を書いた人、挙手」と山畑先生が言うと、三分の一ぐらいの子がぴんと手を挙げた。

「ほほう、これはおもしろい」

と、山畑先生はにっこりしながら黒板に近づいて、男の子の略画を描き始めた。ゆっくりとチョークが動いていくのだが、迷いのない線が生まれてなかなかの出来栄えだ。

「先生、絵がうまいねえ」

などと言う子供の声も聞こえて、教室は一段と和やかになり、参観者も、うなずきながら山畑先生が黒板に描く巧みな略画に見入っていた。

先生、カンニングだ!

そのとき、窓側に座っていた男の子が大きな声で突然叫んだ。

「あっ、先生ずるいよ。黒板に下絵が描いてあるよ。先生はそれをなぞってるんだ。見えるもん、ここから!」

この言葉で教室の中は俄《にわ》かに騒々《そうぞう》しくなった。席を離れて、

「本当だ。見える、見える」

「先生はなぞってるんだよ」

などと言う子も出てきた。

「カンニングだ!」

というひと言で、子供も参観者もどっと笑い、授業どころではない雰囲気になってしまった。

なるほど、黒板に斜めに近寄ってみると、うっすらと略画の輪郭《りんかく》が見える。山畑先生は、その輪郭をゆっくりとなぞっていたのだ。やんちゃ盛りの三年生は、先生の手の内を見つけて大喜びである。

山畑先生にしてみれば、これは思いがけないハプニングだ。順調に進んでいた授業が大いに揺らぎ始めた。そして、こういう場合、

参観者の多くはなんとなく嬉しい気分になるものだ。諺に「他人の不幸は蜜の味」というものがある。他人の失敗や不幸が、第三者にとって少々心地よく思われることは残酷のようではあるが、それが人情というものの一端かもしれない。

この先どうなることか、と参観者はいささか意地の悪い興味もかき立てられたようであった。

やあ、実は――

山畑先生は、頭をかきながら、

「やあ、見つかってしまったか。参った、参った」

と言ったので、子供も参観者も、再びどっと笑った。続けて先生は、

「実は、先生は昨夜《ゆうべ》は家に帰っていません。学校に泊まったんです」

と言った。教室は少し静まった。

「先生は、絵が下手《へた》です。でも、今日はとてもたいせつな授業です。なんとか、上手《じょうず》な絵を描いてわかりやすい授業をしたいと考え、何度も描いてみたんだけれどやっぱり駄目だった。そこで、やっと描き上げた絵を薄く消しておいたんです。それをなぞっているので、少しうまい絵になりました」

と話した。もう、誰も笑う者はいなかった。授業は再び快調に進み始めた。

テントに指を挟まれて

期待に胸ふくらむ学校の運動会。その準備で六年生の明美が怪我をした。思わぬ波紋が起きるのだが……。

学校行事に子供を使うな

六年三組の担任幸田尚子《こうだなおこ》（四十一歳）は、がっくりと肩を落とすようにして四時過ぎに学校へ戻ってきた。

「校長先生、行ってまいりました。傷は三針ほどの縫合で済んだので、心配いらないとのことでした。経過も良好で、本人もいたって元気でした」

と言うと、尚子はちょっと頭を下げてから校長室にあるソファーにどさりと座りこんだ。

「やあ、ご苦労さんだったね。子供さんの怪我がまあそのくらいで済んでよかった」

と、矢内《やない》校長もソファーに座りながら幸田教諭をねぎらった。

「だいぶ疲れたようだね。ほかに何かあったのかい」

と、校長が話しかけると、

「そうなんですよ、先生。病院で明美さんのお父さんにお会いしましてね。今回の娘の怪我については明らかに学校の責任だ。そもそも運動会は学校行事なんだから、その準備は学校の職員だけですべきだ。それを職員が楽をしようと思って、子供なんかに手伝わせるのが間違いなんだ――って言うんです。〝学校の職員が楽をしようと思って〟なんて言われたんじゃ、私も黙ってはいられませんね。私たちは楽をしようとして子供を使ってなんかいませんよ――って言ったんですが、全然わかってくれないんです。がっかりですわ。どう思われますか、校長先生は」

尚子はそう言って、頭をソファーの背にもたれさせて眼《め》を閉じた。心の疲れが見てとれる。

テントの支柱に挟まれて

「うっ！」と言ったまま、右の掌で左の指を包むようにして明美は屈《かが》みこんだ。テントの屋根骨を支えていた公司が大声で、

「先生！　明美さんが怪我を――」

と叫んだ。尚子はうなずいてから、

「テントをしっかり支えてて！　佐藤先生、あとをお願いします！」

と言うと、明美に駆け寄った。左手から血がボタボタと垂れている。

「すぐ保健室に行きましょう。歩ける？　大丈夫？」

尚子は、明美を抱くようにして保健室に急いだ。養護教諭は、

「すぐにお医者さんに行ったほうがいいわ。ちょっと出血が多いから、縫ってもらったほうがいい」

と、傷口を見るなり即決した。

運動会を翌日に控えて、五、六年生と教員は、総出でその準備に取り組んでいた。六年三組はテントを設営する分担で、体育主任と担任の尚子がその指揮に当たっていたのだっ

た。テントの屋根を高く上げて支柱に落とし込む共同作業の折に、ストンと落ちてくる鉄パイプに明美はうっかりして左指の皮膚を噛まれてしまったのだった。

手術は直ちに行われ、無事に済んだのだが、しばらくは病院で休んだほうがよいということになり、その後の経過を聞くため再び病院を訪ねた折、尚子はそこで初めて父親に会ったのだった。

特殊事例と本質

「運動会の準備に子供を使うのは間違いだ。弁護士にも聞いてみたが、弁護士も同意見だった――って言うんです」

運動会が無事に済んでからの反省会議の席上、尚子はそのように報告した。体育主任の佐藤隆一は、

「不注意だったこと、子供に怪我をさせてしまったこと、この二点については全く申し訳ないと反省しています。しかし、だからといって運動会の準備に子供を手伝わせるのは間違いだということにはならないと、私は思いますよ」

と、きっぱりした口調で言った。

「同感です。学校行事はたいせつな教育の場であり、機会です。教師も子供も協力をし合って一つの行事を作り上げていくところに教育的な意義があるんです。子供を単なるお客様扱いにするというのでは、学校行事の教育的価値がなくなります」

特別活動主任の鈴江教諭は、少し声を大きくして言った。

「でも、幸田先生の話の様子だと、明美さ

んのお父さんは訴えてでも今のやり方を阻止するみたいですよ。この際、事を大きくしないために、運動会の手伝いを子供たちにさせるのをしばらくやめたほうがいいんじゃないでしょうか」

と、上席の吉田久子が心配そうに言うと、校長よりも年上の大田明教諭が、

「ぼくもそう思います。子供の人権問題がかしましいときですから、人権侵害なんて言われたんじゃあ、たまりませんからねえ」

と同調した。そして、会議はがやがやと急にうるさくなった。うなずく者、首を横に振る者、また困惑の表情のまま口を噤《つぐ》んでいる者など、一瞬のうちにそれぞれの人柄を露《あら》わにした。

「やめたほうがいいかもなあ。そのほうが無難だよ」

「少し時間を置いて考えたほうがいいんじゃないかなあ」

などという声も聞こえる。司会が、

「校長先生のお考えはいかがですか」

と問うと、校長は静かに答えた。

「一つの特殊事例をもって本質や恒例を変える必要はないでしょう。体育主任の考えに、私は全く同感です」――と。

折り紙教室

青少年相談員の正也は、手作りの遊びを子供たちに体験させるため、折り紙教室を試みたのだが……。

竹工作教室の成功

正也《まさや》は青少年相談員の二期めを迎え、子供会とタイアップした新しい行事の構想を考えていた。できたものを使って遊ぶことしか知らない今の子供たちに、手作りの面白《おもしろ》さと、それを使った遊びの充実感を味わわせるという試みである。学校でもそれはなかなかできないことであろうから、地域の特性を活《い》かしたユニークな活動になると考えたのだ。

一つは竹工作である。竹はふんだんにあるし、指導をしてくれる老人クラブの人材もそろっている。子供たちは、竹とんぼや水鉄砲作りに励んだ。危なっかしい手つきでの始まりだったが、うっかりすれば血を流す怪我もする作業なので、普段は落ち着きのない子供たちも、このときばかりは真剣に、そして慎重に取り組んだ。

その苦心が大きいほど、できあがった竹とんぼがブーンという音を立てながら空に上がっていったとき、子供たちは大きな満足の表情を浮かべて大喜びをした。

水鉄砲で飛ばしっこを競《きそ》ったときも、子供たちは大喜びだった。正也の発案による第一の試みは大成功で、正也は面目を施した。

折り紙教室も成功

三か月ほど後で行った第二の試みは、折り紙教室である。兜《かぶと》、ペンギン、鶴、船などを、これも老人クラブの方々に教えてもらいながら作り上げていった。ぴったり折ったり、きちんと重ねたりという微妙な手先の動きを必要とするこの作業は、明らかに今の子供たちには不得手であることが見てとれた。

できあがりが不格好でも、注いだ苦労がそれなりに報われたことに、どの子も満足の表情を見せた。自分の作品をたいせつに扱う様子に、手作りをとおして得られた喜びが溢《あふ》れている。正也の試みは、ここでも大成功、という期待をみんなに抱かせた。期待は、高まっていった。

折り紙教室のメイン・イベントは、紙飛行機の飛行レースになっていた。思い思いの工夫を凝《こ》らした紙飛行機を作り、誰がいちばん遠くに飛ばすことができるかを競い、上位入賞者には景品も用意されている。どの子も、作り方に工夫を加えていった。とにかく、距離さえ長く飛ばせば勝ちなのである。槍のように機体を細くする工夫をする子もあれば、翼の作り方を工夫して、滞空時間を稼ぎながら遠くへ飛ばそうとする子もいる。

このような子供の取り組みを生み出しただけでも、折り紙教室の成果は十分に上がっていると、青少年相談員の誰もが満足していた。

飛行レースは失敗か

いよいよ、飛行レースの時刻になった。一切の机上の片づけも、整頓《せいとん》も終えた子供たちは、工夫を凝らした愛機を手に、近くにある体育館に移動した。雨や風の心配がない体育館がベストだろうと、相談員たちが、あらかじめ手はずを整えておいた会場である。

「では、しばらくは自由に、各自で飛ばしてみて下さい。飛ばす方向は、ステージの上から体育館の後ろのほうに向けてです。紙飛行機は、相談員のお兄さんたちが拾ってステージに届けますから、皆さんはステージにいて結構です」

「相談員の皆さんは、打ち合わせどおり、配置について下さい」

正也はこれから始まるであろうさらなる興奮と盛り上がりを想像しながら大きな声で言った。子供たちは、それに応えるように、がやがやわいわいとステージに上がった。

「はい、いいですよ。どうぞ!」

という正也の声で、子供たちの紙飛行機が一斉に体育館の天井に向けて飛ばされた。それは、一種の壮観だった。一緒に来ていた親たちも一斉に歓声を上げ、紙飛行機は空に舞った。と、すぐに落下するもの、宙返りをしたかと思うとストンと落ちてしまうもの、意外に遠くへ飛ぶもの、遠くにはいかないが、ゆっくりと旋回をしながらやや長く空中に漂うものなど、さまざまであった。

六人の相談員は、落下した紙飛行機を拾うとステージに走り、その持ち主に紙飛行機を返さなければならない。しかし、手から放たれた紙飛行機は、一体誰のものなのかわからない。子供は十数人もいるのだが、相談員は六人しかいない。

　子供たちは、早く自分の紙飛行機を返してもらいたいから大声で叫ぶのだが、相談員の名前がわからない。「それです、それっ！」とか「オレの、オレの！」などと声を張り上げ、相談員もまた「これ、誰の？」「これは？」と叫ぶばかりだ。体育館の中は、俄然《がぜん》騒がしくなり、相談員は右往左往《うおうさおう》して走り回った。子供たちは受け取るや否やすぐに飛ばすので、相談員は、それを追いかけるようにして走り回る。次第に喧騒《けんそう》が増し、「早く、早くぅ」「それだよ、それ、それ！」などという、乱暴な不満の声が飛び交った。

　それに振り回されるように、相談員は汗を流して走り回る。果てはそれを面白がって、わざと横のほうに飛ばす子も出てくる始末だ。

　レースはなんとか済んだものの、正也は少々寂しかった。指導者であるはずの指導員が、まるで子供に翻弄《ほんろう》された形だ。手作りの喜びを体得させつつ、礼儀や作法までをも学ばせたかった正也の思いは、残念ながら思いがけない結末となってしまったようである。

野口語録
NOGUCHIGOROKU

人間の大方は楽を好み苦を避ける。現状に甘んじて改革を嫌う。易きに流れて平穏を好む。そういう風潮に揺さぶりをかけ、気風一新の行動を起こすのは、いつの時代、どの場所にあっても優れたごく一部のリーダーである。

バナナの早食い

卒業式間近の謝恩会。クラスごとの出し物で会は大いに盛り上がり、やがてバナナの早食い競争が始まって……。

上々のスタート

間もなく卒業の日を迎える。寂しさと、中学校への期待とが微妙に交錯している。そんな中で、お世話になった先生方や父母に向けての謝恩会は、着々と準備が整っていた。その小学校では伝統的に盛大な謝恩会が開かれていたのである。

子供から親と先生方への謝辞に続いて、保護者代表の学校側への謝辞、そして校長と担任代表の挨拶が済むと、後は恒例のクラスごとの出し物が披露される。それは、子供にとっても教師にとっても保護者にとっても楽しみな、明るく和やかなひとときだ。

六年二組の劇「ベニスの商人」の演技は、子供を中心に練習を重ねたものにしては上々の出来栄えで、終わってもしばらくは拍手が鳴りやまなかった。そこで、一旦《いったん》は下りた緞《どん》帳《ちょう》が再び上がり、主な出演者がカーテン・コールに応えると、またやんやの喝采《かっさい》が一《いち》場《じょう》を圧して華やいだ。

とんだハプニング

続いて三組の司会役大川明がマイクの前に立ち、二組の人気に負けまいと、声を張り上げた。

「次は、お待ちかねの六年三組です」

これに応えて大きな拍手が湧いた。

「次の皆さんは、ぜひ壇上に上がって下さい。お願いします」

こうして、校長、ＰＴＡ会長、教頭、旧担任などが呼び上げられ、壇上にしつらえた椅《い》子《す》に腰を下ろした。次の展開に期待する拍手がステージの雰囲気を高ぶらせる。

スタートは、お箸で豆を拾って茶碗に入れるというゲームで、なんと校長先生が一等になり大喝采を浴びた。次は、目かくしをされての福笑いで、これも珍奇な顔ができあがっては盛り上がった。

三番めには、大きめのバナナが一本ずつ渡された。何が始まるのかと、みんなその後の成り行きに期待した。司会の明が声を大きくして言った。

「次はバナナの早食い競争です。誰が一番早く食べ終わるでしょうか。そこがお楽しみです」

みんな、笑いながら手を叩いた。「ヨーイ、ドン」と明が言うと、一斉に壇上の客は食べ始めたものの、なにしろ、豪華なお昼を済ませて間もない時間である。そうはぱくぱく食べられるものではない。その困り顔がまた観衆の笑いを誘って、一場は盛り上がるかに見えた。

そのとき、すっと立ち上がるや、食べかけのバナナを床に投げつけた者があった。強面《こわもて》で知られた川中教頭である。川中教頭は不快を露わにして叫んだ。

「失敬だ！　こんなことさせるなんて‼」

そう言うと、すたすたとステージを降りてしまった。そのほかの登壇者は、食べかけのバナナを手にしたまま、食うにも食えず、なんとも間の抜けた、白《しら》けた時間の中にいた。一瞬、しんとして音が絶えた。

明が気を利かせて言った。

「すみません、でした。これは中止します。皆さん、失礼しました。どうぞ、壇を降りて下さい」

登壇者は、みんな無言で、やや照れながら壇を降りた。明は、それを見届けてから、雰囲気を変えるように明るい調子で、「失礼しました。では、がらりと気分を変えて、次は楽しい三組の皆さんの合唱です」と座を取り持った。

それを察した保護者も子供も先生方も大きな拍手をしたので、沈んだ会場が再び明るさを取り戻した。その後のプログラムは楽しい中で進行し、謝恩会は、恒例に違《たが》わず盛会裏に幕を下ろした。

やっぱり謝りに

「まずかったよ、あれは。山崎があんなことやらせるからだよ」

「何を言ってんだよ、真っ先に賛成したのはおまえじゃないか」

「でもさあ、何もバナナを投げつけなくたっていいだろうよ、みんな喜んでたんだから……」

「ばかなことを言うなよ。あれは怒る教頭

先生のほうが当たり前だぞ。失礼だよ、バナナの早食いなんて……」

謝恩会が終わって教室に戻った六年三組の面々は、思いがけないハプニングにわいわいがやがやと騒々しくなった。

学級委員の西田理恵が、みんなを制して椅子に座らせて言った。

「とにかく、このままではいけないと思います。なんとかしなくては。第一、担任の山田先生に申しわけありません」

「賛成です。私は、学級委員が教頭先生のところに謝りに行ったほうがいいと思います」

こう言ったのは理恵の仲良しの日山和子《ひやまかずこ》だった。ほかにもうなずく者があった。

そのとき、顔を真っ赤にして立ち上がった落合守《おちあいまもる》が、強い調子で言った。

「そんな必要はないよ。教頭先生こそ失礼じゃないか。教頭先生があんなことしなきゃ楽しいまんまに進んだんだよ……」

「それは、違うと思います！」

と、溝口奈々《みぞぐちなな》がすっと立って言った。普段、あまり手を挙げない奈々の態度に、教室が静まった。みんな一斉に奈々を見つめた。奈々は、大きくひと息吸うと言った。

「川中先生は、卒業していく私たちに礼儀というものを教えたかったんだと思います。謝恩会なのに、お客様に恥をかかせるようなことはするな、っていうことを――」

みんながうなずいた。守もうなずいた。

「やっぱり謝りに行きましょう」

理恵がきっぱり言うと、誰かが拍手をした。拍手は間もなく教室全体を包み込んだ。

仰げば尊し

佐藤先生と六年三組の生徒たちは、信頼の絆で結ばれていた。卒業式当日、練習を重ねてきた歌を先生に……。

心を打たれた出合い

美沙《みさ》は、なんだかとても嬉しい気持ちになっていた。いつもより足早に家に向かい、すぐに母親に話しかけた。

「お母さん、今度の佐藤先生は、なんだか偉い先生みたいよ。だってね、最初に私たちに話したことが今までの先生とは違うの。あのね……」

美沙はこんな話をした。

――新しく六年三組の担任になった佐藤先生は、「仰げば尊し」という「卒業の歌」の一番を黒板に書きながら、一節ずつその歌詞の意味を説明した。

「昔は、卒業のときに、全員がこの歌を歌って卒業していった。みんな涙を浮かべて歌った。私もそうだった。ところが、今この歌を卒業式で歌う学校はほとんどない。仰いだり、尊んだりすることが『平等』の考えに合わないから、という理由らしい。しかし、私はその考えには反対だ。先生というものは、子供たちから尊敬され、仰がれるようでなくてはいけない」

と、歌詞の解説を終えた先生は、ゆっくりと話した。いつもとは違って、誰もが先生の顔をまっすぐに見ながら聞いていた。静かで真剣な聞き方だった。そして、先生は最後に、

「私はまだまだ先生としては未熟で、仰がれたり、尊ばれたりする立場ではむろんないが、しかし、少しでもそういうレベルの教師に近づくように努力をしていきたい。みんなとのこの一年間が、みんなにとっても、私にとっても、前進と向上の一年となるようにしたい。仲良く、力を合わせて、一日一日をたいせつに歩んでいこう」

と結んだ。今まで、こんなに本気で先生の話を聞いたことはなかった。仲良しの昌枝さんもそう言っていた――。

「そう！　良かったわねぇ。きっとこの一年は、あなたにとってたいせつな一年になるわよ。小学校も最後の一年だものね」

と、母親もまっすぐに美沙を見つめて娘の話に応えた。

充実した六年三組の日々

佐藤先生と六年三組の子供たちとの日々は、期待どおりに進んでいった。クラスはよくまとまり、学級対抗の球技大会では、男女ともに優勝という思いがけない好結果を招いたし、五年生の頃にはなんとなくぎすぎすしていた男女の仲も打ち解けて、ごく自然に協力できるようにもなっていった。

クラス全体が明るく楽しくなっていくのが、クラスの誰にも実感できていた。少しぐらいの熱や咳《せき》ぐらいでは誰も学校を休まなくなったし、みんな佐藤先生が好きになった。

二学期の終わり頃から、誰からともなく

「仰げば尊し」の話が出るようになってきた。歌詞を忘れてしまった子供でも、「仰げば尊し」という歌い出しの一句は覚えていた。中には歌詞を完全に覚えてしまう子もいた。そして、いつの間にか、卒業の日に、みんなでこの歌を歌って佐藤先生にプレゼントしよう、という話に発展していった。この話はその後のクラスをいっそう明るくした。

楽しく充実した日々はたちまち過ぎてゆく。一月に入ってから「先生にプレゼントするのなら、いいかげんな歌い方では失礼になる。ちゃんと練習して歌おう」という学級委員長の大川の提案があり、全員が賛成した。

そこで、大川は音楽専科の鈴村計子先生に、「仰げば尊し」を音楽の時間に教えて下さい、と頼むことにした。ただし、担任の佐藤先生には極秘にしてほしいということも頼みこみ、鈴村先生はこの申し出を大変喜んで受けてくれることになった。幸い音楽室は四階の端っこにあるので、きっとわからないでしょう、とも話してくれた。

大川がこの話を伝えると、教室に大きな拍手が湧いた。

子も親も一つになって

卒業式は立派に終わった。卒業生の態度は三つのクラスともに立派だったが、とりわけ三組は、呼名をする佐藤先生が惜別《せきべつ》の情《じょう》抑えがたく、しばしば声を詰まらせた場面があり、子供たちの表情にも所作にも、ある深みが見られた。

式の後、少し眼《め》を赤くした佐藤先生が教室に入ってくるや、委員長の大川が、大きな声で「起立」と言うと、子供たちはさっと立ち上がって背筋を伸ばした。一瞬、身じろぎもせぬ静寂が生まれ、教室の後ろにいた保護者もまた全員が起立して姿勢を正した。

「佐藤先生に、この一年の感謝を込めて、私たちの歌をお贈りします。どうぞ、お聞き下さい」

と、大川が言うと、指揮をする昌枝が前に進み出た。

♪仰げば尊し我が師の恩
　教えの庭にもはや幾年――

歌声とともに、目頭を押える子がいる。

♪別るる後にもやよ忘るな――

堪えかねて、涙に咽《むせ》ぶ子もいる。子供たちの澄んだ歌声が教室に充《み》ち、保護者もまた涙を浮かべながら、歌に和した。歌は三番に進み、子も親もみんな心を一つにして歌った。

美沙は、涙を流れるに任せて歌った。

佐藤先生は一瞬驚いたが、姿勢を正すと、そのまま頬を伝う涙を一度も拭《ぬぐ》わず、歌を聞き終えた。そして深く深く頭を下げた。教室をしばらくの間、嗚咽《おえつ》が充たした。

第三章のまとめ
どう受けて、どう返すか

「寸鉄人を刺す」と言います。人の急所を短い警句や警鐘で導くことです。どんな時、どんな所で、どんな人の、どんな言葉と出合うかがその人の人生に大きな影響を与えることになるものです。大人であれば誰しも一つや二つの「忘れられない言葉」があることでしょう。そしてそれらの言葉が、今も自分の生き方にある影響を与えてくれている事実に気づいておいでのことと思います。

受け持ったクラスの子供や親との間に溝を生み、自分の心が荒《すさ》み、子供や親に辛く当たり、そのことによって、私自身がいよいよ落ち込んでいった辛い思い出が若い頃の私にありました。子供がいつも問題を起こし、その対応に追われる私はいよいよ焦りと悩みを募らせていました。そんなあるとき、その失意と非力を伝え、詫びる私に、ある父親は「心配するな。問題のある学級ほど、ある意味では健全なんだよ」と励ましてくれました。この言葉に私はどんなに慰撫《いぶ》され、力づけられたかしれません。「問題を起こす」ということ自体は不祥事であり、決して良いことではありませんが、考えようによれば、子供たちが存分に自己表現をしている状態なのだということにもなります。私のクラスの子供たちは、私の前でも存分に自己表現をし、それは一面、私への甘えでもあったとも、とらえられないことはありません。

教育における「言葉の力」の大きさについて、少し見つめ直してみる必要があるのではないでしょうか。どんなとき、どのような言葉を発し、届けてやることが子供の成長に役立つことになるのでしょうか。言うべきことと、言ってはならぬこととの区別を、私たち大人はどのように判断したらよいのでしょうか。また、その区別や判断の力をどのようにして子供たちに育てたらよいのでしょうか。これらもまた、きわめて重要かつ容易ならざる問題です。

「先生、カンニングだ！」と、叫んだ子供に罪はありません。無邪気な、他愛ない発言です。しかし、このとき、教師が真っ赤になって頭をかきながら身を縮めたとしたなら、それは笑って過ごせる教室風景と見てよいのでしょうか。私はそうは思いません。

「折り紙教室」で、紙飛行機を面白がって飛ばす子供らに、青少年相談員は駆けずり回ってサービスを続けるべきなのでしょうか。もし、そうであったならこの相談員たちは、子供らの心にどのように映ることになるのでしょうか。

「先生、カンニングだ！」と叫んだ教室の場面、紙飛行機を喜んで飛ばすイベントの場面、ともに格別珍しいものではありません。ありふれた一景とも申せましょう。しかし、こういうときに、教師や大人がどんな振る舞いをすべきなのか。どんな言葉を発することが望ましいのか。よくよく考えてみたいところです。

「バナナの早食い」を見ている人たちの大方は、このショーを楽しんでいます。しかし、どこか、何かが少し変ではないでしょうか。「本質」というと大袈裟《おおげさ》かもしれません。が、枝葉の現象に浮かれ、根本に目を注ぐことを忘れてはいないでしょうか。こういう風潮の中にあって「仰げば尊し」の佐藤先生と子供たちとが生み出す清々しさ、別れる折の胸を打つ感動は一服の清涼剤となりませんでしょうか。

子供を立派に育て上げる教育という仕事の、なんと奥深く、面白く尊いことでしょう。教師もこの「子育て」という国家的大事業を大いに楽しもうではありませんか。

あとがき

教職の道を志し、教職にかかわって五十年の歳月が流れました。小学校で三十八年、大学で五年、専門学校や大学や短大の非常勤講師として七年がその内訳です。そして、幸せなことに七十二歳になったこの四月から新設の植草学園大学の専任教授として教壇に立つことにもなりました。こうして私は、今も元気で相変わらず授業や教育とかかわり合い続ける縁に恵まれています。これはまことに有り難くただただ感謝の日々と言うほかはありません。

今日のこの幸せに私が恵まれ続けているのは、実にさまざまの方のご恩の賜《たまもの》です。健康な五体とそれなりの才能を与え、育てて下さった両親を始め、教養をつけて下さった恩師の方々、人生の生き方を学び合ってきた知人、友人などなど数え挙げればきりがありません。あらためて思えば、自分一人でできたことなど何一つありはしません。すべては社会や人様の御愛顧と恩情の賜です。

さて、教職の道を歩んできた私にとって、普通の教師仲間とはちょっと別の有り難かった出合いについて少し触れたく思います。それは、この本の出版元である「財団法人モラロジー研究所」との出合いです。「モラロジー」というのは、道徳を意味するモラルと、学問を意味するロジーを併せて新たに作られた学問名称です。その学問を創始されたのは、法学博士廣池《ひろいけ》千《ち》九郎《くろう》先生です。モラロジーは創学されて七十余年、今はこの学問を慕い、学ぶ門弟、同学の士は全国で夥《おびただ》しい数に上ります。

私を直接モラロジーに結びつけてくれたのは私の父です。父は小学校長を退くや直ちにこの社会教育団体の教えに学び、その教えを広めることに情熱を注ぎ、私もまたその恩恵に浴しました。学校の教師仲間はとかく学校教育のことだけに心を奪われ、社会教育関係の活動に関心を示さず終《じま》いになりがちです。しかし、私は父の導きに従ってモラロジーと出合い、四十年を経た今つくづく学び続けてきてよかったと思っています。モラロジーを学ばざれば今日の私はない、と言っても決して過言ではありません。

モラロジーの教えの根本は、「慈悲、寛大、自己反省」の三点に集約されますが、それは私の人生観の根本ともなって私を導いています。本書は、皆様にその一端を知っていただける良い機会ともなるでしょう。この機会に読者の皆さんにも、ぜひモラロジーの教えにも関心を向けていただけたら嬉しいことです。

終わりに、本書刊行につき、モラロジー研究所の久野信夫様、みち書房の石田和威様の格段の御指導と御支援をいただきました。ここに厚く御礼申し上げます。

平成二十年　二月一日

著者

[著者紹介]
野口芳宏（のぐち・よしひろ）
植草学園大学教授（発達教育学部・発達支援教育学科）
日本教育技術学会理事・名誉会長

昭和11年（1936）、千葉県君津市生まれ。千葉大学教育学部卒。千葉大学附属小学校教諭、公立小学校教頭、校長、北海道教育大学教授、麗澤大学講師、月刊雑誌編集長等を歴任。

現在、財団法人モラロジー研究所教育者講師、日本言語技術教育学会理事・副会長、鍛える国語教室研究会、国語人の会、実感道徳研究会　各主宰。

著書に『小学生までに身につける子どもの作法』（PHP研究所）、『縦の教育、横の教育』（財団法人モラロジー研究所）、『硬派　教育力の復権と強化』、『言葉で子どもがこんなに変わる』、『自立をめざす子育て』、『親子で楽しむ一日一話』、『野口芳宏著作集「鍛える国語教室」（全23巻）』、『野口芳宏第二著作集「国語修業・人間修業」（全15巻・別巻1）』、『楽しく力がつく、作文ワーク（全6巻）』、『話すこと、聞くことマスターカード（全4巻）』（以上、明治図書出版株式会社）ほか多数。

子供の挑戦・大人の出番

平成20年5月10日　初版発行

著　　者　野口芳宏
編集発行　財団法人 モラロジー研究所
〒277-8654 千葉県柏市光ヶ丘2-1-1
TEL 04-7173-3155（出版部）
http://www.moralogy.jp/
発　　売　学校法人 廣池学園事業部
〒277-8686 千葉県柏市光ヶ丘2-1-1
TEL 04-7173-3158
印　　刷　横山印刷株式会社

© Yoshihiro Noguchi 2008　Printed in Japan
ISBN978-4-89639-150-3
落丁・乱丁本はお取り替えいたします。